すべてがわかる経済理論

Economic Theory

野﨑 浩成

投資家の理解を深めるのに
卓越したセンスを持つ
トップアナリストが
経済学をわかりやすく解説

税務経理協会

はじめに

　経済学は古くて新しい学問である。伝統的な経済理論が様々な新しい知見を得て変遷するが，常に経済学は現実的な世界とのギャップに直面し，修正を迫られた歴史でもある。経済そのものは，技術革新や人口動態，あるいは人々の価値観の変化などを背景に，時代とともにその実態を変えていくため，学問としての経済学もこれに対応していくことはごく自然な流れではないか。

　政府による経済政策も人々の暮らしに影響が大きいだけに注目されるが，2012年末に政権を奪還した自由民主党・安倍政権によるアベノミクスは世界の注目を集めた。しかし，日本銀行による国債等の大量買入れによる「大胆な金融緩和」はその妥当性や有効性に多くの賛否が提起された。

　経済学は，人々が刹那々々に下す判断を始め，上に述べたようなマクロ経済政策に至るまで幅広い事象を学問の対象としている。そのため，一口に経済学と言っても極めて多彩な専門分野が存在しており，それらすべての理解を深めることは困難である。また，直感的には堅い印象をもたれる傾向が強い学問でもある。

　そのため，本書は伝統的な経済理論に基づくアプローチから，最新の理論に至るまで広く内容をカバーし，経済学とその応用可能性について鳥瞰できるような構成としている。また，考え方の本質を示すことにより，学ぶことに楽しさを見つけることができるのではないかと期待している。

　本書は大学教養課程の「経済学概論」と専門課程の「マクロ経済学」の教科書として書かれたものである。しかしこれに留まらず，大学の学部選びをする高校生から復習をしたい社会人に至るまで様々なニーズに応えられることを念頭に置いて著したものである。経済学への興味と理解が深まることを切に願う。

野﨑　浩成

目　次

はじめに

第1章　しあわせのための経済学 …………………………… 1
1　しあわせと経済 …………………………………………… 1
2　経済学の10大原則 ………………………………………… 6
3　よく使う概念 ……………………………………………… 8
4　経済学を人生に活かす …………………………………… 14

第2章　国民所得とマクロデータ ……………………………17
1　経済の大きさ ………………………………………………17
2　国内総生産 …………………………………………………18

第3章　日本経済と経済学的視点 ……………………………25
1　高度経済成長（1955～1973年）…………………………25
2　高度経済成長からの挫折（1973年～1979年）…………30
3　苦難克服による経済の復活 ………………………………34
4　バブル経済の生成と崩壊（1980～1990年）……………38
5　平成大不況 …………………………………………………49

第4章　需要と供給の基本 ……………………………………63
1　需要曲線と供給曲線 ………………………………………63
2　曲線のシフト ………………………………………………66
3　需給の複合的な相互作用 …………………………………70

4　価格弾力性 …………………………………… 72

第5章　余　剰　分　析 …………………………………… 75

　　　1　余剰とは …………………………………… 75
　　　2　余剰分析 …………………………………… 77

第6章　消費関数と生産関数 …………………………………… 85

　　　1　消費関数 …………………………………… 85
　　　2　生産関数 …………………………………… 90

第7章　不完全市場 …………………………………… 103

　　　1　不完全市場とは …………………………………… 103
　　　2　独　　占 …………………………………… 105

第8章　IS−LM分析 …………………………………… 111

　　　1　財市場の均衡 …………………………………… 111
　　　2　貨幣市場の均衡 …………………………………… 117
　　　3　IS−LM分析 …………………………………… 124

第9章　労働市場と有効需要 …………………………………… 129

　　　1　労働市場 …………………………………… 129
　　　2　すべての市場の均衡 …………………………………… 133

第10章　インフレと失業 …………………………………… 141

　　　1　インフレーション …………………………………… 141
　　　2　フィリップス曲線 …………………………………… 145

目　次

第11章　政府と公共経済学 …………………………………… 149

1　政府が介入する理由 …………………………………… 149
2　政府介入の効率性 ……………………………………… 153
3　財政政策 ………………………………………………… 157

第12章　金融政策 ……………………………………………… 161

1　貨幣について …………………………………………… 161
2　貨幣供給 ………………………………………………… 163
3　要求払い預金と流動性転換機能 ……………………… 165
4　銀行の信用創造 ………………………………………… 167
5　中央銀行と金融政策 …………………………………… 170
6　（補論）アベノミクス第1の矢について …………… 176

第13章　経済成長 ……………………………………………… 179

1　成長の原動力 …………………………………………… 179
2　人口ボーナスと人口オーナス ………………………… 184
3　真の豊かさとは ………………………………………… 186

第14章　景気循環 ……………………………………………… 189

1　景気とは ………………………………………………… 189
2　景気循環 ………………………………………………… 190

第15章　国際経済学 …………………………………………… 193

1　国際取引について ……………………………………… 193
2　国際収支 ………………………………………………… 195
3　為替レート ……………………………………………… 204
4　TPPと自由貿易の論点 ………………………………… 210

3

第16章　ゲーム理論 ……………………………………… 213

 1　ゲーム理論の古典 ………………………………… 213
 2　ドミナント戦略 …………………………………… 216
 3　ナッシュ均衡 ……………………………………… 217
 4　寡占市場 …………………………………………… 219
 5　預金取り付け ……………………………………… 221
 6　決定ツリーを使った多段階モデル ……………… 224

第17章　行動経済学 ……………………………………… 227

 1　新しい経済学 ……………………………………… 227
 2　プロスペクト理論 ………………………………… 229
 3　非合理性の例 ……………………………………… 232

第18章　こころと経済学 ………………………………… 237

＜参考文献＞ ……………………………………………… 240
索　　引 …………………………………………………… 241

第1章　しあわせのための経済学

1　しあわせと経済

1）経済学はとにかく役に立つ

　そもそも，アベノミクスのような造語があるが，経済学のエノコミクス（Economics）はギリシャ語のオイコノミクス（oikonomikós）に由来，オイコス（Oikos＝家）とノモス（Nomos＝きまりや術）から来ている。簡単に言えば家計のやりくりを意味し，アベノミクスは「安倍さん流のやりくり術」を指す。昔アメリカではレーガン大統領の経済政策をレーガノミクスと呼んで，これがアベノミクスと名付ける誘因になったとみてよい。

　やや混同されるのが，「エコ」。地球環境に優しくすることをエコというが，これは生態学を意味するエコロジーから来ているという意味合いと，経済的という意味でのエコノミー（ここでは節約する）という意味合いと二つが重複的に使われているものと見られる。

　日本語では，経世済民の略で，経世は「世を治める」済民は「民を救う」の意味。もう一つの訳が「理財」で財産のことわりを意味する。前者は国を治めるにはモノやカネの流れを上手に運営しなければならないので，経済政策は政治そのものという含意。後者はもう少しミクロで，お金を中心とする財産の管理をするための原理や原則。財務省には理財局という部局があり，国債の発行や管理を始めとする借金のやりくりと国の財産の管理を担当している。また，ここ数年，中国国内で急拡大してきた金融商品で「理財商品」というものがある。

　経済学の大前提は「希少性」。希少性とは貴金属のように貴重な価値を有するものばかりでなく，限りがある資源をすべて含む。1日は24時間という限りがある。なので，24時間を遊んですごすか，働くか決めなければいけない。昔，

水は希少性がないと考えられていたので，水と空気はタダと思われていた。しかし，安全な水はミネラルウォーターで買わなければならないし，水道局から水道代を取られる。きれいな空気もそのうち「限りある」ものとされるかもしれない。限りがあるから価格がつく。常にコーラを無料で配っていれば，コーラの希少性は認められなくなり，価格はつかなくなる。

限られた人生，限られた貯金，限られた知識，限られた人脈，そういう制約の中でしあわせを探すのが人生である。経済学の考え方を身につけると，しあわせを膨らませるためのすべが身につくかもしれない。

2）より高い次元から物事を考えよう

しかしながら，経済学の入門的な勉強をした範囲内で生活すると，結果的に誤った選択をすることがある。例えば，焼肉屋が松阪牛を，他の多くのライバル店と同じ価格で提供しているとする。販売価格が100ｇで1,000円，人件費や光熱費はないものとすれば，仕入れ原価との差が店の利益になる。600円で仕入れれば400円，300円で仕入れれば700円が利益となる。経済学では企業は利潤（利益）極大化の行動を行うという考え方に立っている。300円で調達できる輸入牛肉を偽って販売すれば，正直に松阪牛を600円で仕入れるより利益が膨らむ。こういった行動を多くの焼肉店がとれば，本物の松阪牛を販売する店はなくなる。

これはノーベル経済学賞受賞者ジョージ・アカロフのレモン理論である。お店は何の肉を提供するか知っているが，消費者は松阪牛であると信じてお金を払っている。このように情報が片方に偏っている状況を「情報の非対称性」という。

この状況を二つの視点で考えることができる。一つは，「食の安全」と「食の安心」を守るために民間に任せきりにすることはできない。なので，政府が消費者庁による調査などを通じてモニタリングする。経済学では，市場のメカニズムに任せることで上記のような不具合が生じることを「市場の失敗」と呼んでいる。市場の失敗には「政府の介入」が必要となる。これは経済学のなか

第1章　しあわせのための経済学

で学べる。

　経済学の外から考えているのも面白い。利他学＊という学問がある。人が助け合うのは「間接的互恵性」という人間特有の本能から説明できる。まず直接的互恵性とは，私とあなたという2者間における利益のやり取り，すなわちギブアンドテイクを示す。1,000円を払うから松阪牛を食べさせろという関係で，ビジネスの多くは直接的互恵性で成り立っている。これに対し，間接的互恵性とは，無条件で他人を助けることが，いつの日か助けた自分にもプラスの形で返ってくる，時間や場所を超越して実現する関係を意味している。人間は本能的にいまここにある関係が自分のしあわせを決めるのではないということを知っている。だから，人助けをするのである。

　今回の事例で示した焼肉屋は，目先の利益（直接的互恵性で説明できる）を追って偽装肉を販売する。これが発覚し信用を失墜し，商売が成り立たなくなる。短期的な儲けを追求すると，長期的な信頼を失うこととなり，長い目で見れば真面目に高いコストの肉を仕入れたほうが焼肉屋としての長期的な利益になる。食品偽装に象徴される短期的利益追求はまさに直接的互恵性にのみ依存した結果であり，長期的信頼という点を度外視している。

―――<コラム：利他学>―――

＊　人はなぜ他人を助けるのか？利他学は，こうした人間行動の不可思議さを人類学や心理学的などから解き明かす学問領域である。間接的互恵性が人間の本能に埋め込まれているために，利他的な行動に出る。
　卑近な例であれば，人に優しくすることで近所や職場における評価を向上させ，この改善された評判により生きやすくなる。ただ，これだと児童福祉施設にランドセルを届ける「伊達直人」や震災時の匿名の寄付は説明できない。実は間接的互恵性は，遺伝子的な進化を伴いながら，至近要因（行動を引き起こす生理的・社会的メカニズム）を通じて，利他行動を誘発させるという仮説がある。

事実，MRIを用いた実験で，寄付行為が脳の線条体に作用し快感物質を分泌させた臨床例が存在している。つまり，利他行動は，互恵のネットワークが広がることによる種の保存的作用を人類の遺伝子に刷り込まれてきた証であるという考え方である。人間の性善的特質が種の保存との関係性で説明可能なのである。

3) しあわせの定義は人によって違う

　しあわせの感じ方は人によって違う。AKB 48のプラチナチケットを100万円でも入手したい人もいれば，親戚の子供にただで上げてしまう人もいる。おいしい寿司の1かん目はだれでもおいしいと感じるが，10かん目もおいしいと思う人と，おなかいっぱいで食べることが苦痛に感じる人もいる。

　しあわせを経済学では「効用」と表現する。人によって効用は異なる。カレーよりハンバーガーが好きな人は，ハンバーガーを消費したほうが効用は高い。また，消費の量によっても効用は変わる。1個目のハンバーガーを食べたときの満足感は，3個目のハンバーガーより大きい。10個目のハンバーガーはマイナスの効用をもたらすだろう。

　伝統的な経済学でとらえられない心の問題を解き明かす，「行動経済学」という学問もある。彼氏が企画するクリスマスディナーにファミレス程度を期待していたら，町のビストロに招待されたらとてもしあわせだろう。しかし，超一流ホテルのミシュラン3つ星レストランを期待していて，町のビストロだったらこうしたしあわせ感は得られないだろう。ステーキディナーを想像していた彼女が，デートでファーストフードに連れて行かれ，機嫌を損ねるというのはよくあるパターンである。

第1章　しあわせのための経済学

　しあわせというのは，お堅い経済学という学問とはかけ離れたイメージを持つかもしれないが，しあわせは経済学にはなくてはならない最も重要な要素である。経済学では，しあわせの大きさを「効用」というお堅い表現を用いる。本書においても効用という表現が随所に登場するが，お好みでこれを「しあわせ感」や「幸福感」と置き換えてもいい。

4）　相対性がしあわせ感を変える

　幸福感というのは，比較対象がないところで実感するのは難しい。高級すし店で食事をする場合と，1皿100円均一の回転すし店で食事をする場合を比較すれば，多くの人は前者のほうが大きな幸福感を実感するだろう（庶民派の筆者は，肩の凝らない回転すしの方が，効用が高いかもしれないが）。この場合も，比較するものがあるから「相対的な」しあわせの程度の差を表現できるのである。
　阪神淡路大震災や東日本大震災は，平凡な生活を何不自由なく送れることのありがたみを人々に実感させることとなった。日々の同じ生活を繰り返すと，その中に含まれる真のしあわせを見過ごしてしまうものである。ここでも，しあわせ感が相対性の中に認識されることが理解できるだろう。また身近な例では，人生相談などのテレビ番組を通して，不幸を語る相談者に自らを比べて，しあわせを実感できるというのも番組が成り立つ一つの大きな要因である。
　このように，経済学でいう効用すなわち幸福感は，様々な比較の中で認識される。他人との比較，自分の日常生活の中での比較，人生の歴史の中での比較など，その瞬間における横比較ばかりでなく，時系列的な比較も効用の大きさを決定づける要素となる。
　このほかに，「期待と現実の比較」という問題もある。先に述べたクリスマスディナーの例などがこれに当たる。これを解釈すると，日常生活が期待値を形成し，その期待値との比較感がしあわせを決めているということである。こうした点は，行動経済学の中で詳しく述べよう。

5

5）均衡からの飛躍

　経済学者を始めとする学者の皆さんは，どこかで「均衡点」が見つかるとホッとする。一般均衡理論を始めとする理論は過去からの理論体系の蓄積や，知性溢れる考察によって体系づけられてきた。最も初歩的ではあるが，重要なミクロ経済学上の概念で「パレート的効率性」や「パレート最適」といったものがある。学術的定義に従えば，ある閉ざされた状況のなかで資源配分するとき，集団内の誰かの効用を犠牲にしなければ他の誰かの効用を高めることができない状態を指す。ピザを2人で分けるときに，2人とも空腹感が満たされていないのに，ピザが残っている状況はパレート最適ではない。

　満員電車なども同じような考え方ができる。誰かが新聞を読みたいがために，自己のスペースを広げたいと試みれば，周りの人々が迷惑し，場合によっては車内トラブルに発展する。ぎゅうぎゅうの車内で不快感を感じていれば，「パレート的に最適な状況なんだ」と思うだけであきらめがつくかもしれない。

　あいだみつおの言葉で「奪い合えば足りない，譲り合えば余る」というものがある。短いながらも，実に当を得た言葉ではないか。相手に対する思いやりを持ったうえで資源配分すれば，より全体のしあわせ感を増やすことができる。

2　経済学の10大原則

1）基本原則

　経済学者グレゴリー・マンキューは，経済学の主たる原則を10項目にまとめた。これを経済学の10大原則と呼び，経済学を学び始める学生のガイダンスとして使われることが多い。

　マクロ経済学にせよ，ミクロ経済学にせよ，こうした考え方を常に念頭に置

くことが重要である。

2) 10大原則

マンキューが示す経済学の10大原則は以下のとおりである。

① 人々はトレードオフ（相反する関係，あちらを立てればこちらが立たず）に直面している
ひとつのものを手に入れるため，別のものをあきらめなければならない
（希少性）

② あるものの費用は，それを得るために放棄したものの価値である
100円のジュースを買うために，100円のバーガーを放棄した。価格があれば考えやすい
（機会費用）

③ 合理的な人々は限界的な部分で考える
すしを10個食べて，次の1個を頼むか会計してもらうか判断する
（もう1個食べるしあわせとコストを比較）

④ 人々は様々なインセンティブに反応する
便益と費用が変わると判断結果も変わる。スキーバスの値段が上がってスキーに行かなくなった

⑤ 交易（取引）は全ての人を豊かにする
自給自足の閉ざされた世界よりも，他の人々と取引したほうがより充実した生活になる

⑥　通常，市場は経済活動を円滑にする
　　多くの参加者が市場に参加することで，効率的な資源配分が可能となる

⑦　政府は市場のもたらす成果を改善できることもある
　　裏を返せば，通常は市場に任せておいたほうがいい

⑧　一国の生活水準は財やサービスのその国の生産能力に依存している
　　一定の労働時間に生産するものが多いほど，物質面では生活が豊かになる

⑨　政府がお金を発行しすぎると，物価が上昇する（モノとカネの相対的価値の変化）
　　モノの量が変わらず，貨幣が増えると，貨幣の価値はさがり，お金で測られるモノの値段は上昇

⑩　社会はインフレと失業率の短期的なトレードオフに直面している
　　バランスが大切

3　よく使う概念

1）希　少　性

　希少性とは，入手が難しいという状態を表している。これを説明するのに，経済学の父と呼ばれるアダム・スミスは，水と宝石のパラドックスを説いている。水はダイヤモンドなどの宝石に比べ，一般的に手に入りやすい資源である。しかし，飲料用をはじめとして，利用価値において宝石よりも水のほうが高い。通常，豊富な水は，宝石より低価格となる。これは一般的な希少性が背景にある。
　しかし，砂漠でさまよう旅人が目の前に宝石と水を差しだされた時に，水により大きな対価を支払うだろう。これはそれぞれの状況下における希少性を反

映したものである。既に説明したとおり，入手可能性が高く希少性がないようなもの（たとえば空気）は価格を持たない。無料である。これを自由財という。

しかし，ひとたび水や空気などのかつての自由財が希少性を持つようになれば，価格を有することになる。経済学において，希少性は極めて重要な要素である。

2) 効　用

しあわせ感や満足感を表すのが効用であるが，効用の大きさは「基数的効用」と「序数的効用」の二つの考え方がある。絶対的なしあわせ感の大きさを数値化したものが基数的効用で，しあわせ感の相対的な大きさを順位付けしたものが序数的効用である。カレー専門店で「1辛」や「5辛」などで辛さを表現しているが，人が感じるしあわせの大きさを「1幸」や「10幸」などで表現するのは容易ではない。

しかし，もともと経済学では，効用を測定することが可能との前提で非常に概念的に理論的な枠組みを作り上げてきた。このため，最近では，相対的な順位による序数的考え方が一般的となっている。

3) 予算制約

おこづかいあるいは貯金という制約があるから，知恵を働かせてやりくりしながら，一番必要あるいは欲求の高いモノを買ったり旅行したりする選択を行うのである。こういった制約がなくなり，湧水の如く軍資金が確保できるのであれば，このような選択を行う必要性がなくなる。

うらやましいようであるが，そんな人生は決して幸福とは言えないかもしれない。経済活動はほとんどの場合，制約条件の中で物事を判断していくのが常である。予算制約とは，収入と支出の関係である。例えば，収入をRとして価格Pxの商品Aと価格Pyの商品Bの購入を考える。商品AをX個，BをY個購入することによる支出Cは「$C = Px \times X + Py \times Y$」となり，収入の範囲で支出を抑えなければいけない条件は，$C \leq R$となる。

つまり，Px×X＋Py×Y≦Rという関係になる。

支出が収入と一致するのはPx×X＋Py×Y＝Rとなる。これを予算制約線と呼ぶ。

具体的に商品Aの価格を200円，Bの価格を100円，収入を2,000円とすると，200X＋100Y＝2,000となる。これを変形するとY＝－2X＋20という簡単な一次関数になる（図表1－1）。この図表1－1の網掛け部分に支出が収まらないとならないというのが予算制約条件である。この条件を満たす（網掛けの中の）XとYの可能な組み合わせはいろいろ考えられる。このいろいろな組み合わせを「機会集合」という。商品Aを1個，商品Bを10個購入する「機会」もあれば，それぞれ5個ずつ買う「機会」もあるからだ。ただし，仮に7個ずつ買うと支払額は2,100円となり，予算を超過してしまうので，機会集合には含まれない。

図表1－1　予算制約線の例

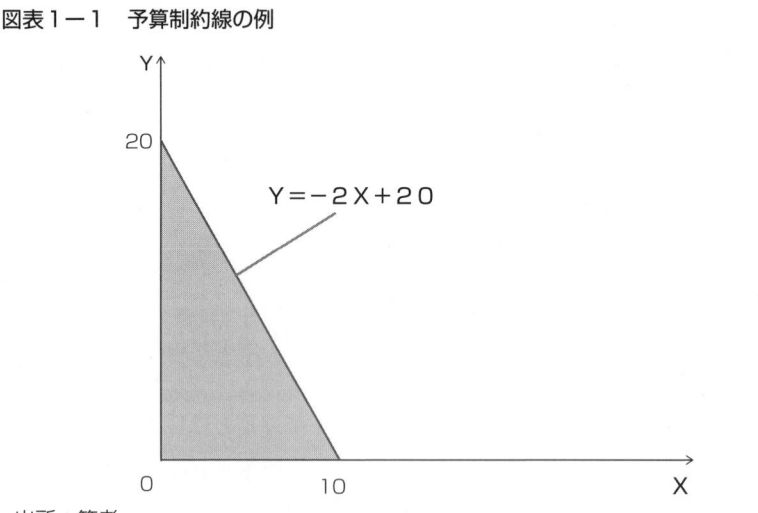

出所：筆者

4) 極大化

　経済活動は何か目的を伴う。一般の営利企業の場合は，利益（経済学では利潤という言葉を使うことが多い）を増やすことである。これを突き詰めて言えば，がんばって利益を最も大きくするということである。これを「利益極大化（利潤極大化）」という。

　一方で，我々消費者は何を求めて生活しているのであろう。多くの場合は幸せである。モノを買ったり，映画を見たりするのは，消費そのものが目的ではなく，おいしいものを食べたり映画を見て笑ったりすることによる幸福感の向上が目的のはずである。既に説明した通り，こうしたしあわせ感を「効用」と呼ぶが，効用を最大限高めようと日々行動しているのである。これを「効用極大化」と呼ぶ。

　しかし，我々は限られた収入で暮らしている。このため，予算制約のなかでの効用極大化が我々の行動の基本原理となる。効用の大きさをUとして，Uが商品Aと商品Bの消費数量の組み合わせで決まるとする。これを経済学の中では，以下のように簡略化して示すことが多い。

　　Max：U = U(X, Y)

　　Sub to：P_x × X + P_y × Y ≦ R

「Max」は極大化の英訳Maximizeの略，「Sub to」は「〜の条件下で」の英訳であるSubject toの略である。また，U = U(X, Y)は効用関数と呼ばれる。効用関数というと難しく思われるかもしれないが，簡単な概念である。ある人は商品Aを消費することがより大きな効用をもたらすこともあれば，別の人は同じくらいずつ消費することが満足に繋がる場合もある。このため，XとYの組み合わせによる効用の大きさも異なる。

5) 機会費用

　複数の選択肢があり，そのうちの一つの選択を行うとする。その選択を行うことで，他の選択をあきらめるわけだが，仮に他の選択をした場合に得られる

利益のことを機会費用と呼ぶ。英語ではOpportunity Costという言い方があるだけだが，日本語では機会費用のほか，機会損失，機会コスト，逸失利益など様々な表現をすることがあるが，基本的には同じ概念である。

たとえば，高校で部活動を一生懸命やるか，帰宅部に入部して勉強に専念するかという選択がある。部活動を選択すれば，勉強に専念してテストで高い得点を取る機会を逃すことになるかもしれないし，部活動を放棄し勉強に専念した場合は部活動を通じて得られる運動能力や友情の深まりなどを逸する可能性がある。有力高校野球児が大学進学を選択するか，プロ野球入りを選択するか悩む場合があるが，大学に4年間通ったがために，その間プロ野球選手として年俸1億円をあきらめることの機会費用は4億円となる。

金融の世界でも同様の考え方がある。現金で保有した場合，銀行預金に預けていれば利息をもらえたはずであるが，それを放棄したことになるので，利息部分が機会費用になる。

6) 埋没費用

一般的にサンクコスト（英語でSunk Cost）という。過去に支出した費用で，回復（回収）が困難なコストをいう。

例えば，水力発電による高収入を見込んで，巨額のダム建設を行うケースを考えよう。総工費1兆円とし，今日までに費やしたコストが9,999億円。あと1億円のコストで完成するとする。しかし，発電を行うための運転費用の計算ミスにより，収入を上回る費用が掛かってしまうことが発覚したとする。この場合，1億円をかけてダムを完成させてしまうべきだろうか？答えはノーである。1兆円のうちの9,999億円は既に使ってしまったコストであり，取り戻すことはできない。今後の発電事業が赤字であることが明確な状況で，この事業を行うことは合理的ではなく，追加的な1億円の負担は損失を膨らませるだけである。

ただ，人間の心理状態としては，既に使ってしまったコストが頭から離れない。このため，誤った判断を行うことが政府や企業や個人あらゆるレベルで起

こってしまう。

7）限界○○

経済学では，限界○○という言葉が頻繁に出てくる。限界効用，限界収入，限界費用などが一例である。「限界」という概念は，もう１単位追加した場合の変化を指す。

１枚1,000円のピザを注文して，２枚目が半額で買えるのであれば，１枚目から２枚目に１枚増やす「限界費用」は500円である。限界効用については，既にハンバーガーの例で説明したが，２個目を平らげもう１個ハンバーガーを食べる効用は最初の１個に比べれば小さくなるだろう。

これは経済学で，「限界効用逓減の法則」という。１口目のしあわせ感より２口目，２口目より３口目のしあわせ感のほうが小さくなる。

8）均　　衡

均衡とは，文字通り釣り合っている状況である。需要と供給の均衡を考えよう。モノの値段が高ければ，それを生産して売る人は増えるだろうし，買いたい人は少なくなるだろう。その逆も可なりである。

りんごの価格が１個100円の場合，生産者が供給するりんごが500個，消費者が需要するりんごが300個とする。そうすると売れ残り（超過供給）が出てしまうため，値引きする。価格が下がれば，販売したいと思う個数は減るだろうし，欲しいと思う消費者は増えるだろう。そこで，１個80円で供給したい個数と需要する個数が（たとえば400個で）釣り合ったとする。これが均衡である。

しかし，一定の条件のもとで，その市場のみが釣り合った状況を部分均衡，全ての市場が同時に釣り合った状況を一般均衡という。

9）余　　剰

余剰とは，買い手か売り手が買いたいあるいは売りたい値段より安く買えたり高く売れたりすることによる「お得な価値」である。買い手の場合を「消費

者余剰」，売り手の場合を「生産者余剰」と呼ぶ。

　消費者余剰は，消費者がある商品に「1,000円なら払ってもいい」と思っているのに対し，実際の価格が800円であれば，その人に200円の「お得な」状況が生まれるが，これが消費者にとっての余剰である。世の中（市場）においては，消費者が払ってもいいと思う価格（経済学では「最大留保価格」という）が人それぞれであるため，各消費者か感じるお得感の合計が「消費者余剰」となる。

　生産者余剰も同じ理屈である。売り手あるいは生産者が「この値段なら売りたい」と考える価格より高い価格で売却ができれば，その差が生産者の余剰となり，生産者全体の余剰の総和が「生産者余剰」である。なお，詳細はのちの章で説明するが，生産者が売りたいと思う値段は，限界費用，つまりあと1個余計に生産する場合にかかる追加費用に等しい。このため，市場価格と限界費用の差分が生産者余剰となる。

10）ストックとフロー

　経済学に限らず，日々の生活の中には必ず「ストック」と「フロー」の概念がある。1日バイトで得たお給料は1日という時間内で流れ込んできた成果であるため「フロー」ということになる。一方で，バイト代をためた貯金は「ストック」という考え方になる。

　つまり，フローの蓄積の結果できるのがストックである。簿記会計で損益計算書と貸借対照表が出てくるが，前者はフローで後者はストックである。

4　経済学を人生に活かす

1）人生にも使える経済学の考え方

　効用極大化の項目で「Sub to」と「Max」という枠組みを紹介したが，こうした考え方は，日々の生活や重大な選択の局面で使える。

　生きていると，必ず選択に迫られる状況に立たされる。進学か就職かという人生でとても大事な選択もあれば，ランチを牛丼にするかカレーにするかなど

第1章　しあわせのための経済学

という軽い選択もある。いずれの場合も，制約条件（Sub to）と目的（Max）を明確に見定めることが重要である。こういう局面で共通するのは，現在ないしは将来の人生のしあわせの極大化という目的である。制約条件は，時間や予算のほか能力なども対象となる。

　現在のチームで秀でたサッカー選手であっても，Ｊリーガーとして活躍する水準に到達できるかというのも大きな制約条件の要素である。こうした考え方を生活に取り入れて，意識して判断を行うようであれば，より客観的な分析に基づき，合理的で的確な判断が行えるように訓練されるようになるだろう。

　機会費用や埋没費用も人生に応用できる大変大切な考え方である。経済学の授業中に，ケータイゲームに熱中していれば，貴重な知識を得られる機会を犠牲にゲームから得られる快感という効用を得ていることになる。ここで犠牲にした時間は，おいおい試験勉強のために（ゲームができたはずの）より多くの時間を費やすこともあれば，将来社会に出て知識を活用できる局面でこうした知見を活かせないがために仕事上の成果が得られないなどの形でコストとして認識されるかもしれない。

　埋没費用も同様である。就職して重要なプロジェクトリーダーに指名されて投資判断を行うときに，既に多額の投資をしてしまってはいるものの，現時点で撤退する方が会社にとっての利益になる場合は，過去の投資を捨てて撤退を決断することが合理的になるが，多くの場合で過去の多額の投資に縛られた判断を行ってしまう場合がある。

　ギャンブルや宝くじなどでも，これに似た行動が見られる。すでに宝くじで100万円使い果たしてしまった人が，次の１枚で当選する確率が高いように感じるのも同様である。次に買う１枚の宝くじは，その人が100万円投資したのか初めて買うのかを反映したものではなく，確率は同じである。ギャンブルで大損をした人間が損を取り返す行動もこれに類似する。

2）事　例

　以下のケースを「効用極大化」の考え方にあてはめてみよう。彼女と映画を見に行く約束をする。デートに必要な予算1万円である。しかし，友人がバイト先で皿を割りピンチに陥る。賠償額3千円とする。

◇　予算制約（Sub to）持参金1万円，幸福極大化
◇　効用極大化（Max）心のしあわせ，
◇　選択（意思決定）立て替えるか否か。

　Aさんの効用関数が，友情より恋愛のほうがより重要である場合を考える。この場合，Aさんは友人を見捨ててデートに行ってしまうほうが大きな効用を確保できる可能性がある。一方，Bさんは友情も恋愛も同じように大切と考えるとしよう。Bさんのケースでは，友人を見捨てることで感じるマイナスの効用がデートの効用を大幅に減らしてしまうかもしれない。この場合，彼女に友人の窮地を救うために次のバイト代がでるまでデートを延期する旨伝える行動を取るだろう。個人的には，読者の皆さんがBさんの選択をすることを期待するが。

　このほかにも，試験まであと1日。レポート提出もあと1.5日。どちらに専念すべきか。などという問題もある。この場合は以下の考え方となる。

◇　予算制約（Sub to）1日および+0.5日，
◇　効用極大化（Max）単位取得，
◇　選択（意思決定）試験勉強かレポートか。

　通常合理的な判断をすれば，試験勉強をがんばって，試験後がんばってレポート。そうではない人もいる。

第2章　国民所得とマクロデータ

1　経済の大きさ

1)　経済大国とは

　日本の国土は必ずしも大きくないため，アメリカや中国，ロシアのように大国という呼び方はされないが，国内総生産（GDP）で測る経済規模が世界第3位と大きく「経済大国」であるという言い方をされる。経済規模は，経済活動がどういった規模で営まれているかは，かつてはGNP（国民総生産）で示されたが，現在はGDP（国内総生産）で示されるのが一般的である。GDPは，一定期間（国際比較では通常1年間）に生産国内でされた最終財やサービスの総額である。

　経済規模は，国別で比較することもあれば，都道府県別で比較することもある。ちなみに，のちに図表2－3でGDPの国際比較を行っているが，国別では，日本がアメリカに次いで世界第2位であった期間が長く続いたが，2011年に中国に抜かれ第3位となった。

2)　フローの大きさとストックの大きさ

　経済規模といった場合には，経済活動の規模を示すことが普通である。このため，フローの概念である国内総生産などを用いることが多い。こうしたフローの結果として蓄えられたものはストックという形で残る。

　ストックの概念の代表は，国富である。国富は，その国の中で保有される資産から負債を差し引いたネットの資産である。国富の算定方法は，住宅やその他不動産，構築物，機械・設備，耐久消費財などの有形固定資産，ソフトウエアや知的財産などの無形固定資産，製品在庫の総額に，対外資産から対外負債を引いた対外純資産を加えたものである。

2　国内総生産

1）基本的な枠組み

　国内総生産（GDP = Gross National Product）とは，ある一定期間に日本国内で生産された最終的な財・サービスの付加価値の総額である。「ある一定期間」は通常1年あるいは3か月間（四半期）である。また，日本国内で生産されたものに限定されるため，日本企業が海外で生産したものは含まれない代わりに，外国企業が日本国内で生産されたものは含まれる。

　次に「最終的な財・サービスの付加価値」とは，部品や材料などの中間財が含まれない。付加価値とは，その生産過程で新たに生産された価値であるため，生産額から原材料などの中間投入額を差し引いたものである。これはダブルカウントを防ぐためである。

　パンを例にとると，農家が小麦の種や肥料を仕入れて小麦を生産すると，種や肥料は種苗業者の付加価値である一方，農家にとっての付加価値は小麦生産額から種や肥料のコストを除いたものである。これを製粉会社が買い取り小麦粉を生産する。製粉会社の付加価値は，小麦粉の生産額から小麦などの中間投入財（材料）を控除したものとなる。これを製パン業者が買い取り，パンを生産する。同じように，パンの生産額から小麦粉などの中間投入物のコストを差し引いたものが，製パン業者の付加価値である。このように，各生産段階がどのような経済活動を行ったかを「追加した価値」に基づき集大成したものがGDPなのである。

　産業区分は，農林水産漁業が「第一次産業」，製造業などが「第二次産業」，サービス業などの非製造業が「第三次産業」とされているが，こうした産業ごとの生産物のやり取りをまとめたものが「産業連関表」である。産業連関表は，横軸の産業が縦軸の産業から買い取った中間投入物を用いていくら付加価値を生産したかをマトリックス化したものである。

2） 三面等価

　上記の説明は，「生産面」からみたGDPの解説である。このほかに，「分配面」，「支出面」の合計三つの見方から経済規模を測ることができる。これらは視点の違いだけであり，それぞれから計算された経済活動の総額は一致するはずである。これが「三面等価」の原則である。

　分配面とは，各生産段階において獲得された付加価値がそういった形で分配されるかということである。例えば，製パン会社は材料だけでは経営が成り立たない。このため，土地の賃料を支払って，工場を運営する。これが地代となって，土地の保有者の稼ぎとなる。また，労働者も必要になる。したがって，労働者の給与が賃金という形で，労働者の稼ぎとなる。最後に残るのが会社の儲けである。この儲けは税金を支払った後で，株主へ配当されたり，会社に留保されることとなる。これは株主や会社自身への分配である。即ち，賃金，地代，利子，配当などの「稼ぎ」の総額が分配面から見たときの経済活動の総額となる。

　最後に支出面から見たGDPである。お金を使う主体は，家計（消費者あるいは個人），企業，政府，海外に大別される。家計が支出したものが消費（C），企業が支出したものが投資（I），政府が支出したものが公共事業などの投資（G），海外が支出したものは輸出入の純額（Ex － Im）となる。なお，政府の徴税を含めると政府の純投資はG － Tであらわされる（Tは税金）。

3） 定　式　化

　各指標の定義は以下のとおりである。

◇GDP＝付加価値合計　＜生産面＞
◇GDP＝雇用者所得(家計の給与)＋営業余剰(企業の未処分利益)＋固定資産減耗(減価償却)＋間接税－補助金　＜分配面＞

◇GDP ＝ GDE ＝ 国内最終消費 ＋ 政府最終消費 ＋ 在庫増加
　　　　　　　＋ 国内固定資本形成(投資) ＋ 純輸出　　＜支出面＞

これを定式化すると以下のようになる。

① 貿易や政府関与がない場合：
稼いだものは使うか貯めるかなので，
　Y（国民所得）＝ C（消費）＋ S（貯蓄）
支出面からは，消費と投資が国民所得に一致するので
　Y（国民所得）＝ C（消費）＋ I（投資）

② 政府の関与があると：
　Y（国民所得）＝ C（消費）＋ I（投資）＋ G（政府支出）－ T（税）

③ 開放経済（貿易がある）では：
　Y（国民所得）＝ C（消費）＋ I（投資）＋ G（政府支出）－ T（税）
　　　　　　　＋ Ex（輸出）－ Im（輸入）

4）　国民所得の計算体系

　国民経済計算＝SNA（System of National Accounts）とは，一国の経済を記録するマクロ経済統計。国際比較のため，国際連合は，共通の基準（モノサシ）を提示し，加盟国にその採用を促してきた。
　一国全体における経済活動について考えてみよう。個人・企業・政府が生産要素（労働，資本ストック，土地）を組み合せて，原材料（中間財）を投入して財貨・サービスを生産し，それが各種国内最終需要（家計最終消費支出，民間企業設備等）向けと，輸出向けに販売される。これが産出量としての考え方である。
　一方で，生産過程で生み出された付加価値（産出額－中間投入額（企業の原材料に相当））は，固定資本減耗と純間接税を控除し，各生産要素間で配分される。

図表2−1　国民所得の計算体系

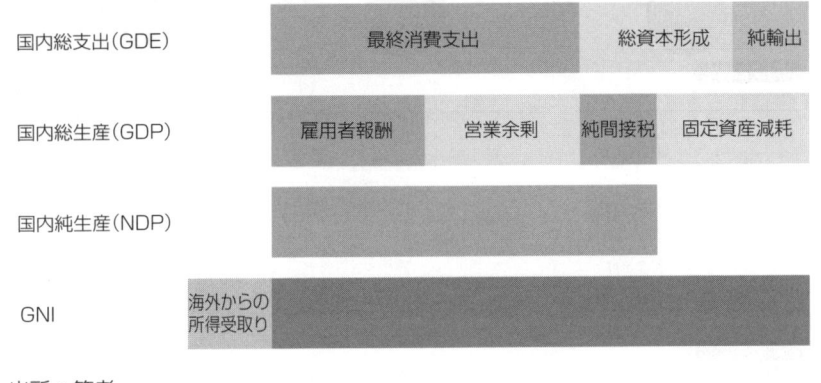

出所：筆者

これが所得面からの考え方である。

　図表2−2を見てみよう。所得支払勘定は，各部門（一般企業，金融機関，政府，個人＝家計，その他）ごとに，所得の受取・支払および消費支出を記録したものである。国内生産活動によって生み出された雇用者所得と営業余剰，財産所得，政府が受ける純間接税，海外から受取った要素所得の差額（受取−支払）が計上される。これらが第一次所得となる。再分配所得は，政府に支払われる直接税と社会負担（社会保険料等），政府から支払われる社会保障給付と社会扶助給付（生活保護費等），とその他再分配（保険金，保険料，国際協力）に分かれる。

　資本調達勘定においては，各部門が実物資産（住宅，企業設備，土地等）と金融資産（預貯金，公社債，株式等）に投資・運用する。自己資金の純増額と金融市場から調達資金の純増額の合計が，実物投資と金融資産の純増額と一致する。

図表2-2　国民所得の部門別資金支出・調達の図解

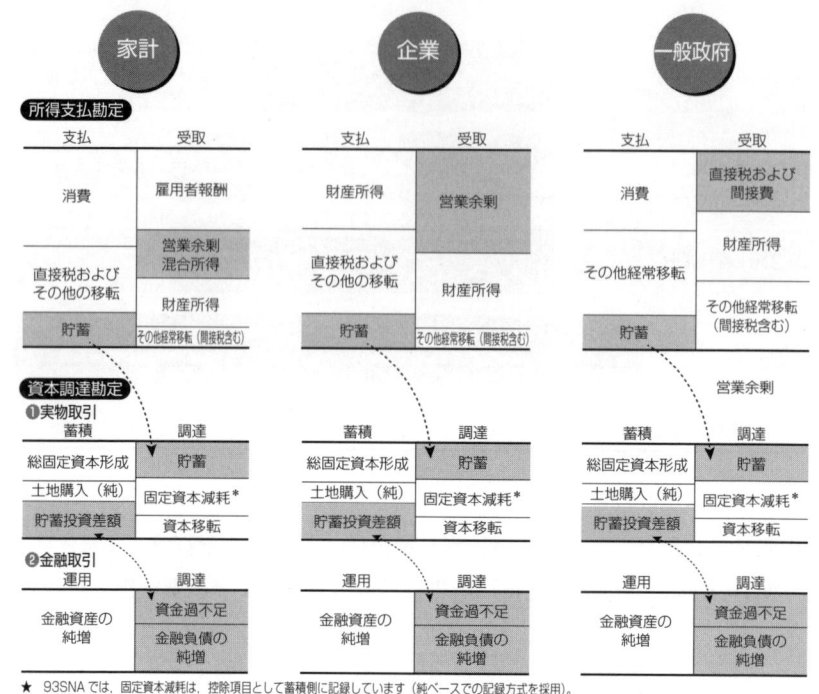

★ 93SNAでは，固定資本減耗は，控除項目として蓄積側に記録しています（純ベースでの記録方式を採用）。

出所：内閣府　http://www.esri.cao.go.jp/jp/sna/data/reference3/93snapamph/

　GDPとは「国内の一定期間における最終生産物の価値の合計」で，三面等価（生産，支出，分配）が成立する。なお，中間生産物はダブルカウントになるので加えない。付加価値の合計でも同じである。

　例）Aさんが年50万円でBさんに土地を貸し，Bさんが小麦を育ててCさんに売って100万円稼ぐ。Cさんは小麦を使ってパンを作り消費者に販売し200万円を売り上げる。→GDPは最終生産物の200万円。
　　　付加価値は，Aさん50万円，Bさん50万円（100−50），Cさん100万円（200−100）で合計200万円。

例）Bさんが年50万円で自動車部品をAさんから買い，Cさんを年100万円で雇って自動車を生産。生産した自動車を販売ディーラーDに200万円で販売。Dさんは消費者に販売し300万円を売り上げる。→GDPは最終生産物の300万円。付加価値は，Aさん50万円，Bさん50万円（200−50−100），Cさん100万円，Dさん100万円（300−200）で合計300万円。

◇GDP = GDE = C（消費）＋ I（投資）＋G（政府支出）＋純輸出（Ex − Im）
◇GNP − GDP = 海外から受け取った要素所得（賃金・技術料・配当・利子など）− 支払った要素所得
◇NDP = GDP − 固定資産減耗（減価償却）

経済成長率とは，通常GDPの増加率であり，名目と実質の2種類がある。名目はそのまま成長率を弾いたものであるが，実質は物価上昇の影響を控除したものである。t年の名目成長率g ＝ {GDP(t)− GDP(t−1)} ／GDP(t−1)で，実質成長率G = g − p（物価上昇率）である。

5） GDPの国際比較

日本は高度経済成長を果たして後，アメリカに次ぐ経済大国となった。GDPの比較では世界第2位の地位を長年維持することができたが，2010年を最後に中国に抜かれてしまった。日本は失われた20年のなかで低成長にあえぎ，その一方で中国は経済成長率が毎年二ケタの伸びを示し，見る間に日本が抜き去られた。

その後も中国の経済成長は続き，2014年には日本のGDPの倍となる経済規模に上り詰めた。日本は2013年以降，経済環境の改善が見られるもののデフレ傾向からは脱却できず，中国の背中が遠くなるばかりである。

この国際比較での留意点は為替レートである。この国際比較はドルベースのため，ドルに対して安くなった通貨の国のGDPは小さくなることになる。日本は2014年までの1年強で2割以上の（対ドル）円安となっているため，為替

レートが日本のGDPの大きさを小さい方向に歪めている点にも注意すべきだろう。

図表2-3　2014年のGDPランキング（10億ドル）

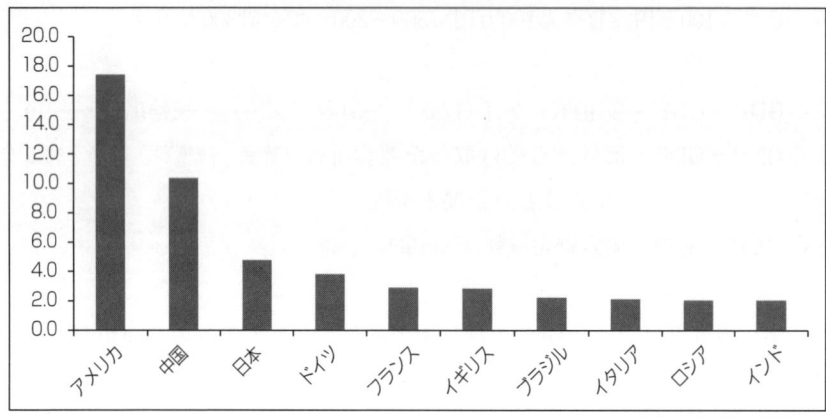

出所：IMF

第3章　日本経済と経済学的視点

1　高度経済成長（1955〜1973年）

1）　戦後における日本の奇跡的復興

　戦後70年余が経過し，終戦直後の焼け野原の残像は遥か彼方に飛んでしまっている。しかし，戦後の貧困から立ち上がった日本の復興は目覚ましかった。終戦後10年が経過した1955年は，政権基盤がおぼつかなかった日本にあって，自由民主党が盤石な保守政党として確立され，日本がしっかりとした足取りを始めるスタートラインとなった。これ以降1970年台前半までの経済成長率は（物価上昇を除いた実質的な成長幅で）平均二けたの高成長を実現した。まさに，近年の中国の勢いである。

図表3－1　日本のGDP推移（兆円）

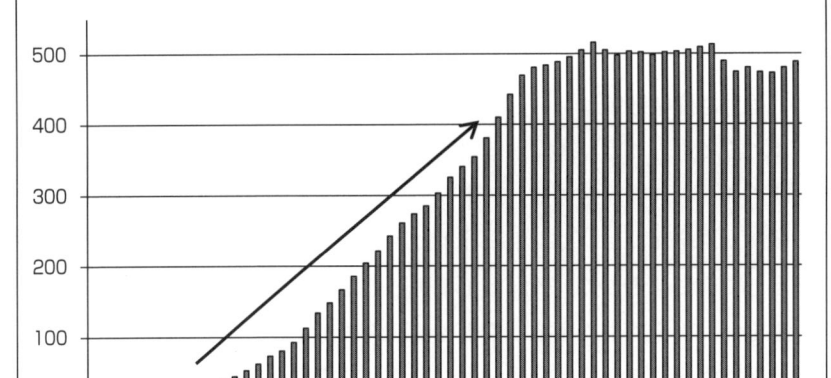

出所：内閣府

日本の近現代史における一般的な定義としては，1955年前後から1973年前後までを高度経済成長期，それ以降を安定成長期とされている。高度経済成長期といっても，景気の波は存在しており，好況と不況が交互に訪れた。1955年からの好景気の局面は31か月続いたが，「これほど景気がいいのは日本始まって以来」ということで，初代天皇である神武天皇から「神武景気」と称された。
　その後「なべ底不況」と呼ばれた時期もごく短期で脱出し，1958年から1961年まで42か月続く「岩戸景気」となる。これは神武景気を上回る景気ということで，日本神話の「天の岩戸」から名付けられたものである。
　その後も1964年の東京オリンピックにより近代化事業が集中し「オリンピック景気」（24か月）が経済成長を支えた。そして，高度経済成長期において最長期間の好況を記録する「いざなぎ景気」（57か月）が1965年から1970年にかけて続いた。ちなみに「いざなぎ」とは，これも日本神話で日本創生に登場するイザナギに由来する。

2）　高度経済成長の条件

　では，このような高度経済成長を支えた要因は何であったのかを考えてみよう。

①　強力な産業政策：

　経済の立て直しには，政府が戦略的に産業政策に取り組むことが求められる。特に経済成長の初期段階では，政策面でのサポートが有効な産業育成につながる。戦後，資金面においても生産技術においても，あらゆる生産のための資源が不足していた。そこで，政府は工業国としての地位を獲得するため，注力分野を選定し，限定された産業に集中的に経営資源を投入した。
　資金面では1947年に復興金融公庫を設立し，重点分野の主力企業に資金を投入した。初期段階では，鉄鋼と石炭を生産の中心と決めた。この政策を「傾斜生産方式」という。いずれの産業も様々な産業復興に必要な資材やエネルギーを生産するため，少ない政策資源を有効に活用することで，テコの働きを期待

したものである。

　もちろん，税務面でも特例措置を設けて利益蓄積の後押しを行った。この結果，戦前から主力産業だった繊維産業などのいわゆる「糸へん産業」から，鉄鋼などの「金へん産業」への産業構造の転換がはかられた。

　こうした産業政策が，いまだに我が国産業の主役の地位にある自動車産業や化学産業，電機産業などの離陸を助けた。

② 技術の導入：

　現在に至っては先進経済国としての地位を確固たるものとしている日本であるが，戦後は欧米諸国に大きく水をあけられた後進国であった。先進国に追いつき，工業国としての発展を目指していた当時の日本は，欧米諸国が抱えている技術を導入し，結果としてはより廉価で質の高い製品を生産できるまで短期間で成長した。

　技術は，欧米から部品や機械を輸入するとともに，欧米の優れた製品を徹底的に研究することで，欧米の技術レベルまで到達していったものである。しかし，こうした日本の努力は「欧米の物まねだ」という批判を浴び，オリジナリティの欠如を批判されることがたびたびあった。

　しかし，この時期の技術導入が日本の産業基盤の基礎を作ったことは疑いのない事実である。技術力なくしては，経済成長は困難であっただろう。

③ 人口成長と核家族化：

　現在我が国は，少子高齢化により人口減少の局面に立たされている。しかし，高度経済成長の時代には，ベビーブームと呼ばれ人口は急速に増加を遂げていた。人口増加は，二つの意味で経済成長を支える。

　一つは，人口増加が消費者の層を厚くしていき，国内の需要（内需という）が拡大していき，これが新たな生産，消費といった循環を生んでいくこととなる。

　もう一つは次項で示す労働力の増加である。人口増加に伴って，現在にまで

至る社会構造の変化をもたらしたのが,「核家族化」である。その昔,一つの家計を営む家族は大所帯であった。おじいさん・おばあさんから孫あるいはひ孫までの大家族が日本社会の特徴であった。

しかし,ベビーブーム前後から,結婚を機に家族から独立していくことが当たり前になってしまった。核家族化は人間的なふれあいの欠如や家族のなかでの助け合いなどの社会性を損なうなどの問題は深刻である。だが,その一方で,核家族化は世帯数の増加をもたらし,消費の増加を喚起した。つまり,一つの家族に冷蔵庫は一つで足りるかもしれないが,家族の構成員が独立していけば,新たな家庭で冷蔵庫を購入するニーズが出てくるからである。

④ 労働力の供給:

前項で述べたとおり,人口増加は労働人口の増加に繋がった。そればかりでなく,農業中心の国から工業化社会となり,農村から働く機会を求めて都会に出てくる若者たちが急増していった。農村からの労働力のシフトは,農業人口を減らす一方,より大きな付加価値を生む第二次産業や第三次産業への労働力の移転を加速させた。これが全体としての生産力の拡大につながった。

⑤ 為替相場の安定:

外国為替相場は,大きな変遷を経て現在に至った。円ドルレートを見ても,1971年までは1ドル360円であったものが,近年では1ドル80円を下回る水準まで円高ドル安となったこともあった。

1944年の「ブレトン・ウッズ協定」に基づく「金本位制」により,ドルと金の交換(兌換という)を1オンス35ドルと決めて,ドルを軸とする固定相場制が始まった。以降,円ドル為替レートは高度経済成長の時代に一貫して1ドル360円で固定されていたため,経済成長を果たす過程において,為替相場の変動に影響されることなく,貿易に取り組むことができた。これも高度経済成長の一因である。

⑥ 国民の理解：

終戦直後の貧しさを知る人々は，一丸となって経済成長を求めて力を注いだ。こうした，経済成長に対する国民的コンセンサスが経済成長という共通目標に対して一致団結するパワーとなったことは確かである。

しかしその後，経済成長のひずみが国民生活に数々のマイナス影響をもたらし，本当の豊かさとは何かを自問するきっかけとなった。

3) 現在の日本に照らして経済学的に考えてみる

産業政策が有効であるのは，あくまでも国家全体として経済成長のための経営資源（技術力，資金，エネルギーなど）が限られた場合である。政府が産業政策に過度に介入することは，市場メカニズムをゆがめ，成長の足かせになることもある。産業政策への介入は，多くの場合において税金などの国民負担を伴うことがあるほか，一部の産業への保護的な政策のために，他の近接する産業の競争力を脅かすこともある。

政府による介入は常に是非が問われる問題である。産業政策ばかりでなく社会保障などの問題は財政負担に直結するだけにより深刻な問題である。国の役割が大きい「大きな政府」と，基本は民間および市場に委ねる「小さな政府」について後の章で議論しよう。

労働力が少なくなるということは，生産可能な付加価値が少なくなることを示す。これは経済成長の足かせとなる。生産力は，生産性（1人あたりどの程度の生産が可能か）に労働力を掛けたものである。生産性は，機械や道具の進歩に応じて向上する余地はある。

しかし，労働力は人口が増えるか，今まで働いていなかった主婦（主夫）や退職済み高齢者の活用しか国内において解決のしようがない。そこで時々政策

の議論で出てくるのが「移民政策」である。しかし，経済問題としては移民受け入れによる生産力向上のメリットはあるものの，移民政策に積極的であったフランスの生活水準格差の拡大や治安悪化などの社会的な論点もあわせて考えてみる必要があるだろう。

2　高度経済成長からの挫折（1973年～1979年）

1）試練の局面

（実質）経済成長率は，1955年から1960年までの期間で8.7％，その後1961～1965年で9.7％，1966～1970年で11.6％と目覚ましい成長を遂げた。この結果，実質国民所得は15年間で3倍近くとなった。

しかし，第4次中東戦争による第1次オイルショックが1973年に発生すると，経済成長は一気に翳りを見せた。その局面での試練は，大きく二つ存在しており，ひとつは成長阻害要因が浮上してきたこと。もう一つは，狂乱物価とまで表現された物価上昇である。

2）苦難その1～成長阻害要因の発生

成長を阻害した要因としては次の五つが挙げられる。

① 労働供給余力の低下：

農村からの出稼ぎ労働者の供給は一服し，高度経済成長の生産力の底上げを支えた労働供給余力が徐々に低下してきた。

② 化石エネルギーの枯渇の懸念：

オイルショックとともに，石油や天然ガス，石炭などの天然資源が枯渇する懸念に注目が集まった。

③　アメリカ経済の停滞：

日本の貿易相手国として，貿易黒字のけん引役となってきたアメリカ経済が冷え込み，外需主導の経済成長にマイナスの影響が出てきた。

④　公害への問題意識の高まり：

経済成長は所得を増やし，多くの工業製品の恩恵もあり，国民生活の豊かさが向上した。しかし，一方で，工業排水による河川や海洋の汚染，最近の中国のような人体を蝕む大気汚染など成長の副産物として国民生活の脅威となったのが公害である。高度経済成長期には，成長に対する国民的コンセンサスが存在したが，公害が成長に対する疑問につながった。これが「くたばれGNP」というスローガンに繋がった。つまり地球環境を犠牲にした経済成長への批判が高まったのである。

⑤　為替相場の調整：

1971年にアメリカのニクソン大統領がドルと金の兌換を一時停止すると発表した。その後，「スミソニアン協定」が結ばれ，1ドルが360円から308円へとドルが切り下げられた（円高）。その後，1973年には固定相場制から変動相場制に移行し，更にドル安・円高方向へ為替レートが動いた。1977年には200円／ドルを突破し，10年足らずで為替レートは倍の変動を記録した。円の為替レートが倍になる（ドルは半分になる）ということは，日本から同一価格で輸出しても，10年前に比べアメリカ国内では2倍の価格になるわけで，価格競争力は低下した。

3）苦難その2～インフレーション

1973年における第1次オイルショックをきっかけとした物価上昇や，1972年の田中角栄首相が提唱した「日本列島改造論」に触発された地価上昇などにより，モノや資産の価格が急騰した。1973年から1976年までの物価上昇率は二ケタとなり，「狂乱物価」と称されるまでのインフレーションが日本を襲った。

その後，第2次オイルショックが，イラン革命に伴う同国における原油生産中断により発生し，再び原油価格の高騰と石油供給量のひっ迫に直面した。

そもそもインフレーションは，原材料価格や労働賃金の上昇などによる「コスト・プッシュ」型のインフレーションと，生産・供給能力を上回る消費ニーズ（需要）が発生する「デマンド・プル」型のインフレーションとがある。

オイルショックでトイレットペーパーに殺到する人々

出所：石油天然ガス・金属鉱物資源機構

当時は，オイルショックによる原油価格高騰による石油加工品や，エネルギー価格上昇による全般的な加工品の価格上昇があったほか，為替レートも固定相場制であったため一部の高インフレ国の輸入品価格の高騰が全体の物価水準を押し上げた。また，「苦難その1」でも取り上げた労働力供給余力の低下により，生産性向上を上回る賃金の上昇が発生し，これも製品価格を押し上げる要因となった。

一方，デマンド・プルによるインフレーションは，完全雇用水準の産出量（自発的失業者が存在しない程度に労働力が総動員された場合の付加価値総額，GDP*とする）を上回る需要が発生（「インフレ・ギャップ」という）することで生じる。式で表すと (GDP − GDP*)/GDP* ＞ 0 となる。インフレ・ギャップが生じている状況では，需要が物価を引っ張る形でインフレーションが昂進しやすくなる。オイルショック後の経済環境においては，需要水準が大きく変化しない中で，労働力供給の限界や，工場老朽化などにより GDP ＞ GDP* という状況となった。

4) 現在の日本に照らして経済学的に考えてみる

　当時の日本の状況は，現在我々が直面している状況と全く異なった様相であった。1990年台後半からの日本は，持続的な物価下落というデフレーションの状況である。2012年に発足した安倍政権を筆頭に，各政権の経済政策の目的は「デフレ脱却」であった。

　物価が上昇するという状況は，国民生活にとってひどく迷惑な話である。インフレの昂進は家計を直撃する。一方で，なぜ物価下落が日本経済にとってマイナスなのであろうか？それは物価の下落以上に賃金など家計の所得が減少してきたからである。

　経済学では「時間選好」という考え方がある。消費を今行うか将来行うかの選択を考える。預金金利が無視できるほど小さい場合，明らかにモノの値段が上昇する状況であれば，必要なものであれば早い段階，すなわち「今」買うであろう。一方で，継続的に物価が下落するデフレ環境においては，消費を先送りするのが合理的な判断となる。消費を先送りする行動が世の中全体に広がると，モノの生産やサービスの提供を手控えるようになる。企業は売り上げの減少により儲からなくなり，従業員の給与はカットされる。それはまだよい方で，生産やサービスに携わる労働力は不要となり，雇用機会がなくなっていく。

　なお，ここで「金利」の概念を入れると，議論はやや複雑になる。1年間で物価が10％上昇する状況を考える。1年間の金利（預金金利と考えれば理解しやすい）が15％であれば，物価上昇を予想しても預金して消費を先送りしたほうが賢明である。逆に預金金利が10％未満であれば，すぐに消費したほうが得である。ここで示した金利を「名目金利」といい，物価上昇率を差し引いたものを「実質金利」という。10％の物価上昇で15％の名目金利であれば，実質金利は5％となる。実質金利が低いほど，消費が刺激されることとなる。これがアベノミクスのもとで日本銀行が「実質金利を下げる政策」に取り組んだ背景である。

　やはり，物価は安定したほうが国民経済にとっては良いことである。このた

め，物価の安定は世界各国の中央銀行が共通して掲げる政策目標である。

3　苦難克服による経済の復活

1）　エネルギー政策の転換

　日本がかかえる苦難に対しては，為替レートなどの国際的な問題を除いては解決の道を模索していった。その一つがエネルギー政策の転換である。一つは石油依存体質からの脱却，もう一つはエネルギーの節約である。

　次の図表は我が国のエネルギー源の構成を示したものである。1965年当時のエネルギー源の構成比では，石油が約56％，石炭29％，水力や地熱など自然エネルギー12％などとなっていたが，第1次オイルショック（1973年）当時には石油依存度が76％まで上昇，石炭17％，自然エネルギー5％と化石燃料への依存は95％まで高まった。オイルショックを受けて，原子力へと政府はエネルギー政策の舵を切り，第2次石油ショック（1979年）には石油70％，石炭14％，

図表3-2　日本のエネルギー源の推移

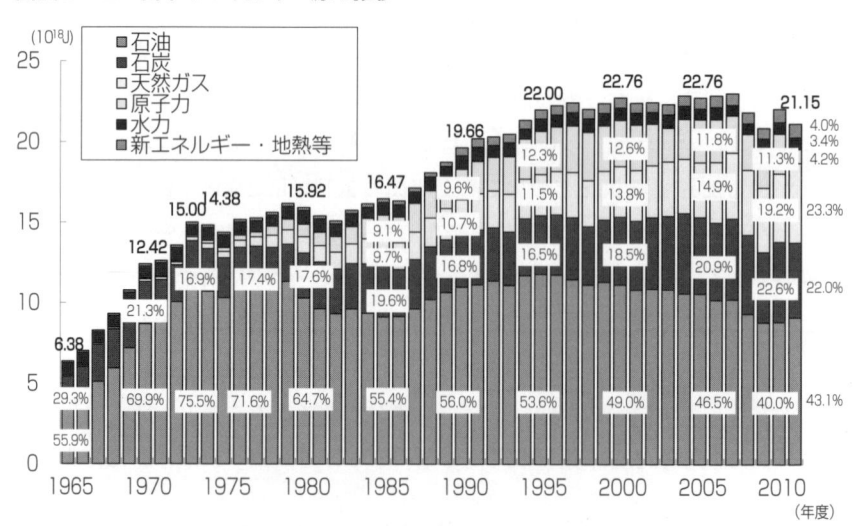

出所：資源エネルギー庁「総合エネルギー統計」をもとに作成

自然エネルギー6％，原子力4％となった。

　更に，東日本大震災の前年となる2010年時点では，石油43％，石炭22％，天然ガス19％，原子力11％，自然エネルギー7％と大きな構造変化が起きた。なお，これはエネルギー全体の計数であるが，電力の発電源の構成比は，2010年で原子力と天然ガスがそれぞれ約29％，石炭25％で石油は7％に過ぎなくなった。

　ちなみに，大災害をもたらした原発事故の後となる2012〜2013年では，原子力が消失し，発電源の43％を天然ガス，30％を石炭が担っている。

　もう一つの政策はエネルギーの節約である。近年では「エコ」，東日本大震災後は「節電」という言い方をするが，オイルショック当時は「省エネ」という呼び方をして，消費者や企業に節約を呼びかけた。企業は生産設備の更新などにより省エネルギー投資を進め，家計も電力量などの節約に努めた。

　この結果，図表が示す通り，総エネルギー消費量の伸びは鈍化した。1965年から1973年までのエネルギー消費量増加率は年率平均12％と，この間の実質GDP成長率9.1％を上回っていた。

　これに対し，1973〜1980年のエネルギー消費量の伸びは年率平均でわずかに0.4％と，実質GDP成長率3.6％を大きく下回る水準に抑制された。なお，エネルギー消費量の伸びは1981〜1990年で2.8％（同期間の実質GDP成長率4.6％），1991〜2000年で1.7％（同期間の実質GDP成長率1.0％），2001〜2011年で−0.6％（同期間の実質GDP成長率0.7％）となっている。

図表3-3　最終エネルギー消費と実質GDPの成長率推移

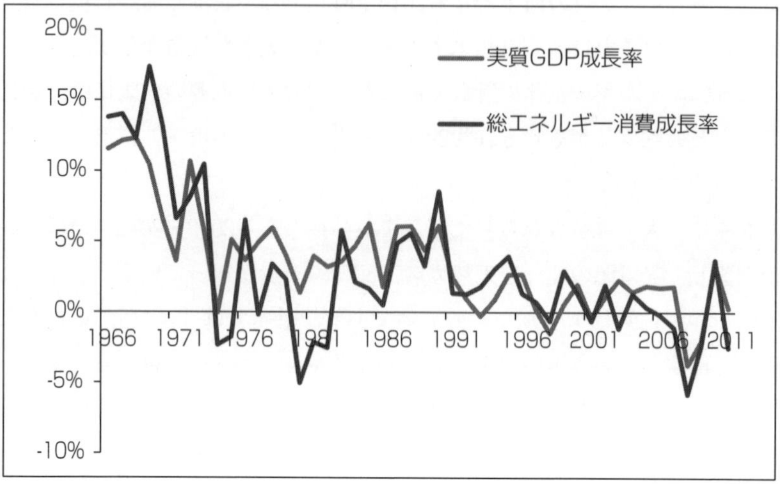

出所：資源エネルギー庁「総合エネルギー統計」をもとに作成

2）　産業構造の転換

　日本経済が立ち直ったもう一つの要因は，産業構造の転換である。高度経済成長を牽引した鉄鋼，非鉄金属，化学，造船などは，「重厚長大産業」と呼ばれていた。しかし，オイルショックや素材産業の国際的な競争の中で，経済を先導する役割を，加工組み立て型の付加価値の高い産業へとバトンタッチした。具体的には，ロボットを含む工作機械，精密機械，半導体などの高い技術力を求められる産業である。加えて，エレクトロニクス革命と呼ばれる電子化の波がテレビや自動車にも押し寄せ，産業構造の転換が急速に進んだ。
　重厚長大に対して，産業のソフト化は「軽薄短小」と呼ばれ，産業製品の小型化，軽量化が進んだのもこの時期である。ソニーのウォークマンなどは，技術大国ニッポンを象徴する存在として称賛された。
　この時期，ハーバード大学のエズラ・ヴォーゲル氏による著書「ジャパン・アズ・ナンバーワン」が日本および海外で評判となった。日本の生産体制の効

率性など，戦後日本の奇跡的な成長を支えたバックボーンが世界的に高く評価された時期である。

3) 労使協調路線

労働力の供給余力の減少も日本の生産力の足かせとなったわけだが，これに加えて生産性を制約していたのが，経営者と被雇用者の間の対立であった。こうした労使の対立は，労働争議という形で経済活動に影響し，ストライキによる労働損失日数（作業所の閉鎖が行われた期間の労働者延人員数に対応する所定労働日数）は1974年当時で10,462日に上った。その後，経営者側からの雇用の安定化と労働者側からの抗議活動の抑制措置により，ストライキによる労働損失日数は1977年で6,060日と激減した。

こうした労使間の協調路線が，雇用の安定と生産性の向上をもたらしたのである。

4) インフレ対策

インフレを抑制するために，政府は1973年4月「当面の物価安定対策について」，同8月「物価安定緊急対策について」をそれぞれ閣議決定し，一部商品の価格高騰を助長した買占め行為や売り惜しみ行為への対策を法制化した。

第2次オイルショックに際しては，第1次オイルショックの反省から，日本経済に対する影響が抑制された。前述の労使協調路線により，賃金上昇を抑えたことで生産コストの高騰を軽減した。また，省エネ政策の浸透やエネルギー源の多様化によりエネルギー全体の依存を軽減することができていた。更に石油の備蓄体制も前回のショックに比べ整備されていたことも挙げられる。

5) 現在の日本に照らして経済学的に考えてみる

エネルギー政策の転換や産業構造の転換は，まさに現在の日本が直面している課題と同じである。

原子力への発電源の依存度を増やすことは，石油や石炭といった化石燃料

への依存を軽減していくという，「資源小国」日本にとっては望ましい政策であった。

また，近年の地球環境問題により二酸化炭素ガス削減の面からも，原子力の割合を高めることが政策的にも目的に合致していた。

しかし，東日本大震災は原子力が抱える見えないリスクが顕在化し，再びエネルギー政策は転換を迫られたのである。メガソーラーや水力，地熱，バイオなど「燃やさない」エネルギーの確保は最も望ましい方向性であることは間違いないが，安定供給やコスト面で引き続き問題を抱えている。

原子力発電は，事故が発生しない限りは発電コストを低下させ，日本国内における電力を消費した生産コストを抑制し，結果として価格競争力を高めることができる。しかし，いったん事故が発生すると，こうしたコストの節約が吹き飛ぶレベルの巨大なコストが経済的にも環境的にも発生してしまう。誠に悩ましい問題である。

産業競争力も，中国や韓国などの新興勢力の台頭により，日本の相対的な優位性にも陰りが見えている。重厚長大から軽薄短小へという転換を果たしたのち，エレクトロニクス分野などでサムソンやLGなどの後塵を拝する機会も増えた。日本の産業は今一度，より付加価値の高いところで技術力を磨かなければならない。ウォークマンが世界を驚かせたような「わくわく感」の欠如が，成熟国家日本の最大の課題のひとつである。

4　バブル経済の生成と崩壊（1980～1990年）

1）バブル経済とは

日本がバブル経済と言われた時期は，概ね1986年から1990年までの期間と言われている。では，バブル経済とは何か？バブルとは，まさに「泡」である。株や不動産などの資産価格などが，泡が膨らんでいくように高騰する現象を表現したものである。

以下，株価と不動産価格を示す二つのグラフが1980年代後半に急騰している

様子が鮮明である。

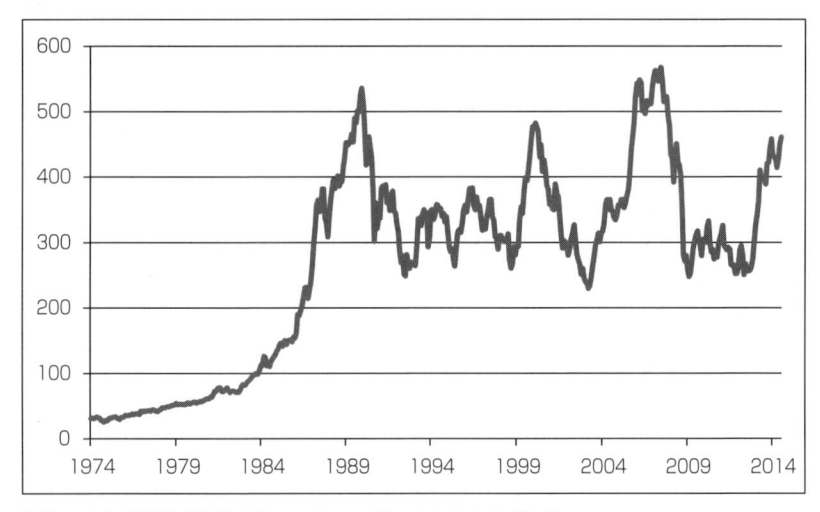

図表3-4　日本の株価推移（東証時価総額，兆円）

出所：東京証券取引所，Bloombergデータをもとに筆者

　古くは，オランダの「チューリップ・バブル」が有名である。オランダはアムステルダムのスキポール空港でチューリップに模したお土産や本物の球根が売られているほど，チューリップはオランダを代表する名産品である。そのオランダで1630年代，チューリップの球根の価格が急騰した。元々はオスマントルコから16世紀に伝来した植物なのだが，17世紀初頭に入るとオランダの園芸家の間で頻繁に扱われるようになり，その後花に関心のない人々の間でも球根が売買されるようになった。

　こうした売買が活発になると，瞬く間に価格が上昇していった。この様子を見ていた生産者農家も，莫大な利益を求めて競うように球根を買い集め，これが価格を更に吊り上げる結果となった。余談ではあるが，当時のオランダではこうした球根の取引を行う商品取引所などは存在しておらず，居酒屋において取引が行われていた。結果的には1637年2月に突如として価格が急落し，

「チューリップ・バブル」は弾けた。

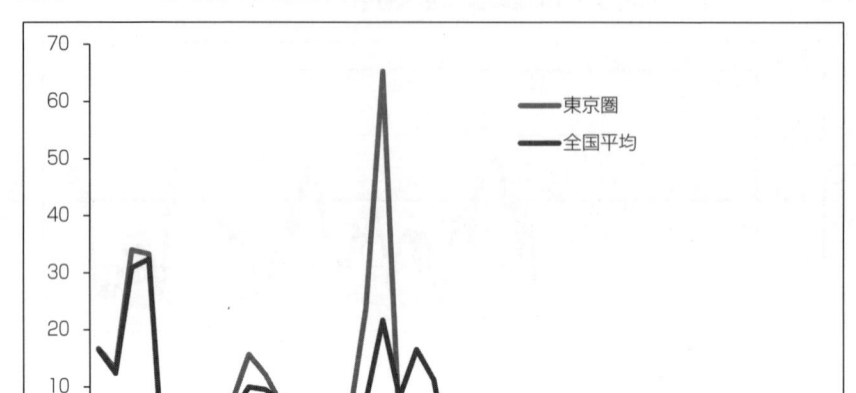

図表3-5　公示地価の年間上昇率推移(%)

出所：国土交通省データに基づき筆者

　チューリップは美的感覚を楽しむというしあわせをもたらしてくれるものであり，その球根には一定の価値がある。しかし，ときとして取引価格の上昇は，人々の関心を取引されているものの価値から価格の動きのみに惹きつけてしまうことがある。これが適正な価格からの乖離をもたらし，いつの日か適正な価格にもどるための調整が発生する。

　レアものとされるトレーディングカードや芸能人のサインに至るまで，こうした現象がつきまとい，本当にこうしたものを欲しいと考える人々の手を離れ，ギャンブル的な要素を抱えながらオークション等を通じて価格が上がっていくこともある。類似した現象と言える。こうした動きを投機的行動という。

　日本がバブル経済を経験中の際には，株価や不動産価格が代表格であるが，ゴルフ会員権，絵画から中古車に至るまで，価格が急上昇した。売却益を手に

した人々はバブル長者と呼ばれ,「蝶よ花よ」の日々を送ったものである。では,何がバブルを生成させたのかを洞察してみよう。

2) バブル形成の背景

バブル形成の要因は,金融緩和政策や積極的財政政策などが背景となりながら,金融機関による緩い与信供給と個人・法人は問わない投機的行動,がバブルの生成を加速させたものと整理できる。以下,それぞれの要因について考察する。

① 金融緩和政策と積極的財政政策の背景

1980年代前半,アメリカはレーガン大統領による「レーガノミクス」と呼ばれた金融経済政策により,金融引き締めを実施した。この結果,ドルの金利は上昇しドル高となり,貿易赤字が拡大した。

貿易赤字と財政赤字のいわゆる「双子の赤字」を抱えるアメリカを支えるべく,ドル高に乗り出したのが当時のG5(アメリカ,イギリス,フランス,西ドイツ,日本)で,1985年9月の「プラザ合意」に基づき,ドル高是正のための為替介入を行うこととした。

たとえば日本としては,円を買ってドルを売る介入を行い,プラザ合意時点の1ドル235円から1年後には160円を下回る水準までドル安円高が進んだ。その後1987年に急激なドル安に歯止めをかけるべく「ルーブル合意」により,適切な介入による為替相場の安定を決めた。その後,1ドル140円近辺で安定することとなった。

そんな状況で起きたのが「ブラックマンデー」である。1987年10月19日にニューヨーク株式市場で株価の大暴落が発生した。要因として指摘されているのは,ルーブル合意に基づく為替安定のためのドル金利の引き上げられるだろうという市場の予想である。金利上昇は一般的に,理論上の株価を押し下げる効果がある。

加えて,コンピューターによる「プログラム売買」が株式売却の動きを加速

したとの見方もある。ニューヨーク市場のダウ平均株価は1日で22％下落し，1929年の世界大恐慌の発火点と言われる「ブラックサースデー」の下げ幅を超えた。日本の日経平均も15％下落した。この結果，アメリカの金融市場は株価，債券価格，ドルの価格（為替レート）がすべて低下する「トリプル安」の状況に陥った。

② 金融緩和政策

　その時のドイツと日本は経済環境が良好で，潜在成長率を超過する経済成長を見込む程度の需要の強さがあった。このため，インフレを懸念すべき状況にあった。本来であれば，日本もドイツも金利を引き上げて，景気の過熱を冷やす必要があったが，金利を引き上げればドル安が更に進むため，特に日本政府は金利引上げに慎重なスタンスを貫いた。

　そこで動いたのがドイツである。ドイツはいち早く利上げに踏み切った。日本がこれに追随して金利を引き上げれば，ドル安の進行を更に加速させることとなる。追い込まれた日本は，結局金利を引き上げることができずに「永久低金利伝説」と言われるほど，低金利（公定歩合は2.5％と近年の水準に比べればかなり高く見えるが，当時としては極めて低水準であった）を放置させることとなった。これが我が国におけるバブル前の緩慢な金融政策の内幕である。

③ 積極的財政政策

　更に日本は，アメリカが声高に不満を述べていたアメリカの対日貿易赤字に配慮して，内需主導の経済成長を果たすべく政府支出を拡大し，公共投資を大幅に増加した。これが1988年に始まる積極的財政政策と言われるものである。

④ 緩い与信供給と投機的行動

　金利水準が低い状況では，お金の借り手と貸し手の双方に貸出金（借入金）を増加させるインセンティブが発生する。借り手と言っても個人の場合もあれば企業の場合もある。個人は，住宅ローンを借りて住まいを購入する。景気も

良く給与も増えていく。住宅価格も上昇を続けている。金利も低いとなれば，ローンを借りて住宅を購入する人が増えるのは当然である。企業も，景気が良いので売り上げが伸びる。生産体制が追いつかないので，工場を新設する。不動産の価格が上がっているので，不動産会社ばかりでなく製造業などの一般企業も早めに土地を確保しようと買い急ぐ。

そればかりでなく，みるみる株価が上昇していくのを眺めながら，個人も企業もお金を借りて株式投資やゴルフ会員権の投資を行うこととなる。これはもはや投資ではなく投機である。

一方で，銀行は収益機会を求めて貸出競争に陥っていた。規模が大きいほど，収益が大きいほど立派な銀行である，という幻想もあった。銀行は不動産を担保とした融資にのめりこみ，ぐんぐん上昇する地価は不動産担保の価値を増やし，銀行はもっと貸せるようになっていく。

バブル形成の構図

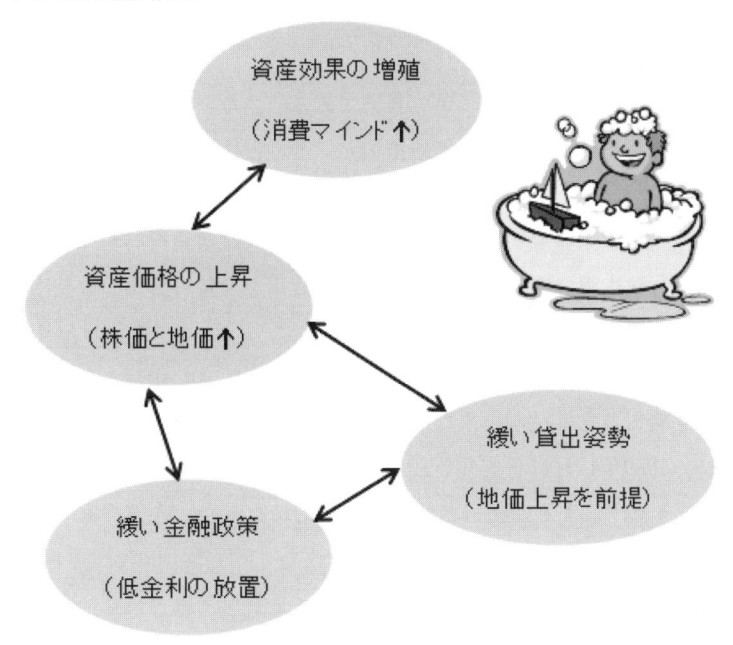

- 資産効果の増殖（消費マインド↑）
- 資産価格の上昇（株価と地価↑）
- 緩い貸出姿勢（地価上昇を前提）
- 緩い金融政策（低金利の放置）

3） バブル崩壊

①　そもそもバブルとその崩壊はわかるのか

　何をもってバブルというか，何をもってバブル崩壊というかは難しい。ブラックマンデー直前にアメリカの連邦準備制度理事会の議長に就任したグリーンスパン氏は，「バブルは弾けてから，あれがバブルだったと気づくわけで，バブルの認定は難しい」と語ったことがあった。

　日本のバブル崩壊を分かりやすく示すのは株価の動きである。バブル絶頂と言われる1989年12月29日には日経平均が一時，史上最高値の38,957円（同日の終値は38,915円）を付けた。しかし，1年後には23,848円まで37％もの下落に見舞われた。更に10年後に金融危機を迎えた時期には7千円を割り込む水準まで達したわけだから，バブルを知らない世代は辛く長い「失われた20年」しか知らないのも分かる。

②　バブル崩壊の要因

　では，バブル崩壊の要因について考えてみる。主な要因は，景気と金融の過熱感を危惧した当局による引き締め措置と，その後に発生した地政学リスクである。

　第一に，銀行の融資規制である。1990年3月に大蔵省銀行局が「総量規制」と呼ばれる行政指導に乗り出し，不動産向け貸出を全体の貸出の成長率以下に抑制すること，そして特定三業種（不動産，建設，ノンバンク）向け貸出の実態報告を行うことを決めた。これは，地価高騰を支えてきた銀行からの積極的な貸出行動を緩和させる役割を果たした。

　第二に，1989年12月に日本銀行総裁に三重野康氏が着任するや，金利（公定歩合）の引き上げによる金融引き締めを積極的に行った。人気作家・池波正太郎の作品に登場する江戸幕府の火付け盗賊改め（現代でいえば凶悪事件を担当する警視庁捜査一課長のイメージか），鬼の平蔵こと長谷川平蔵・長官になぞらえて「平成の鬼平」と呼ばれた三重野氏であった。バブルを退治するという意味で

メディアが付けたネーミングであるが，筆者の私見としては，市場の混乱を招く過度な金融引き締めにより後の平成大不況と失われた20年をもたらす要因の一つを作ってしまったという意味で，筆者が尊敬する長谷川平蔵を持ち出すのはあまり愉快な気持ちがしない。

なお，公定歩合とは日本銀行が銀行に資金を貸し出すときの基準金利であり，金利が自由化されるまでの1994年までは金融政策を行う上で重要な政策手段であった。今では短期金融市場の最も短い期間の金利である「コール無担保翌日物」が金融政策の指標にとってかわった。

その当時の公定歩合が1年で倍となる6％まで跳ね上がったのだから，いかにすさまじい金融引き締めであったかわかる。

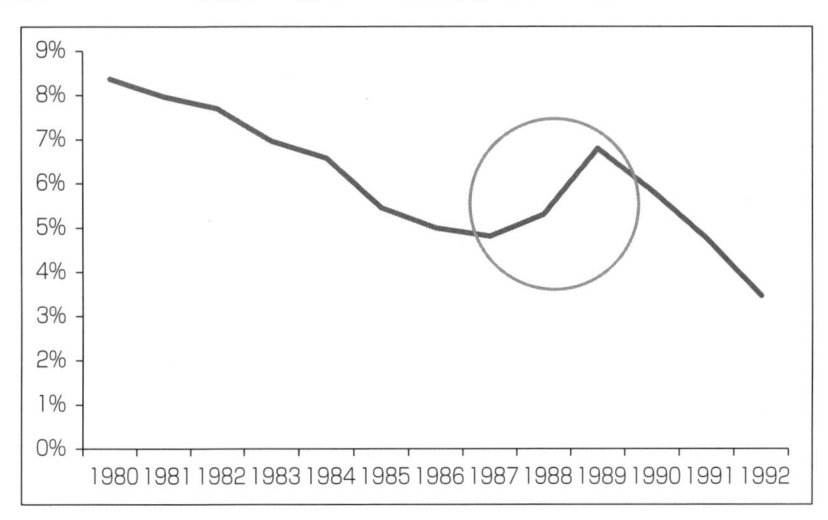

図表3－6　バブル生成期から崩壊までの長期金利（国債10年）

出所：財務省データに基づき著者

1990年に長期金利が7％まで急上昇。株価は暴落し，債券価格も下がり，為替レートも円安になるというトリプル安に見舞われた。

加えて1990年8月にイラクのフセイン政権は，隣国であるクウェートに侵攻

し、中東情勢が一気に不透明化した。これにより、再び原油価格が上昇したのである。既に、株式市場や不動産市場は金融引き締めによって大幅に低下した状況にあったほか、こうした経済環境の変化を受けて、景気にも暗雲が立ち込めていた矢先のことであった。原油価格上昇などによる物価上昇を懸念し、日本銀行は、更に金利を引き上げた。これが、バブル崩壊に向かうとどめを刺した。

③ バブル崩壊の模様

既に述べたとおり、日経平均株価は1989年末38,915円から1990年末23,848円まで低下したが、1992年末には16,924円に達し、わずか3年で半分以下になった。

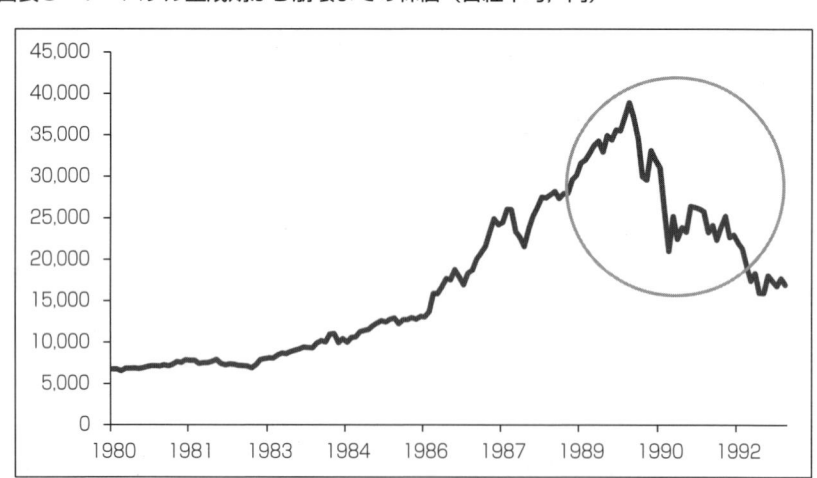

図表3-7 バブル生成期から崩壊までの株価（日経平均、円）

出所：Bloomberg

不動産価格の下落は、株価に遅れて始まった。こちらも深刻で1992年に全国平均-4.6%（東京圏-8.4%、大阪圏-21.3%）、1993年には全国平均-8.4%（東京圏-14.9%、大阪圏-17.4%）を記録した。大阪圏の下落率には背筋が凍るも

のがある。

　バブル期に増えた銀行貸出が不動産担保や一部株券担保などであったことから，銀行が抱える不良債権も容易に想像がつく。こちらも地価と同様で，実際のバブル崩壊から遅れて増加した。不良債権処理に要した年間費用は，銀行全体で1991年度3千億円弱だったものが，1992年度に1.6兆円を超え，1993年度には4兆円近くに達した。この後は更に不良債権問題が深刻化し，金融危機の局面を迎える。

図表3-8　バブル生成期から崩壊までの地価（公示価格）上昇率

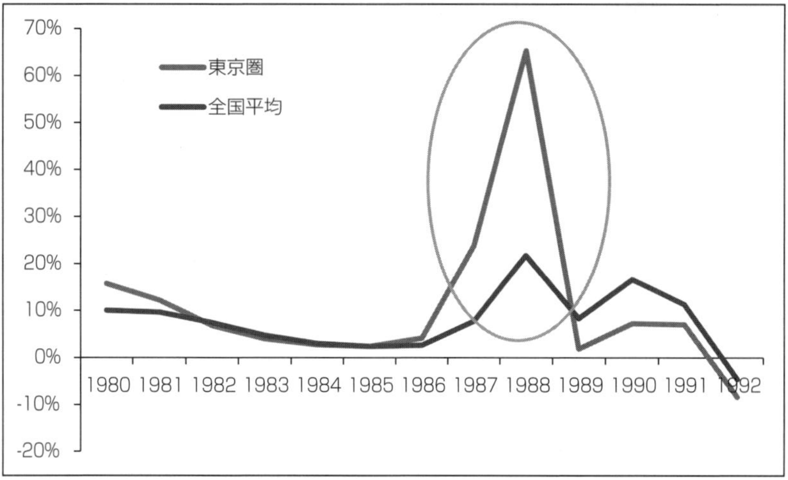

出所：国土交通省データに基づき筆者

4）　現在の日本に照らして経済学的に考えてみる

①　貿易摩擦と内需拡大の約束

　現在，アメリカとの間では大きな貿易を巡る問題は生じていない。貿易自由化を目指すTPP（環太平洋戦略的経済連携協定）などの懸案事項はあるものの，日本が貿易赤字に転じたくらいなので，日本に対する海外からの風当たりは強

くない。しかし，バブル生成前夜においては，双子の赤字に苦しむアメリカから対日貿易赤字に対する非難は強く，当時の我が国の政権は「政府支出増加による内需拡大」を約束した。この意味を簡単に定式化してみよう。

国民所得は，$Y = C + I + (G - T) + (Ex - Im)$，あるいは$Y = C + S$と表せる。この二つの式を併せると，$C + S = C + I + (G - T) + (Ex - Im)$となり，これを変形すると以下の式に落ち着く。

◆$Ex - Im = (S - I) + (T - G)$

$Ex - Im$は純輸出，つまり日本の貿易黒字である（海外がアメリカだけならアメリカの貿易赤字）。

日本の黒字は二つの要素で説明できる。一つは投資を上回る貯蓄（$S - I$）。もう一つは政府支出を上回る税収である。逆にアメリカは，重い財政赤字に陥っており，日本とは反対の立場にあることがわかる。

ここで，日本政府が道路を建設するなど公共事業を増やせばどうなるか？まずは税収超過（$T - G$）が減る。加えて，日本経済は刺激を受け，国内の需要が増えていくことになる。投資が活発化し，貯蓄超過（$S - I$）も減少しよう。当時のアメリカの要求と，日本の公約にはこういった経済学的背景があった。しかし，これが景気の過熱感を後押しした一因であることは既に示した通りである。

② バンドワゴン効果

毎日のように株価や土地の値段が上昇したらどういう気持ちになるだろう。いつかは上昇が終わり，下落に転じるかもしれないと思うかもしれないが，当面は上がり続けそうな印象を持つことだろう。

モノであれ，株のような金融資産であれ何かを買う場合は，理由がある。大きく分ければ，それは実需か投機である。実需とは必要だから買うということ。恋人とドライブしたいから車を買う，老後に備えてしばらく使わないお金を運

用するために株を買う。何れも実需である。これと異なるのが投機である。投機とは，価格が上昇することを期待して将来転売することを前提に行うものである。ゴルフをしないがゴルフ会員権が上がりそうだから会員権を買った人がバブル期に少なからずいた。既に持ち家はあるが，地価が上がりそうなのでセカンドハウスやサードハウスを買う人は，日本のバブル期にもいたし，アメリカの「サブプライム危機」に至る状況ではもっと存在していた。借金してまで株を買うというのも，多くの場合は投機である。

　バブルに連なる資産価格の上昇は，投機目的の取引が増えたときに発生しやすい。他の人が買っているから，自分も買う。これがバンドワゴン効果と言われるものである。バンドワゴンとは，パレードなどの先頭を走る楽隊車で，メロディを奏でながら走る。町の人々は楽しげな音楽に誘われて，これについていく。つまり，楽しそうなもの，もうかりそうなもの，そういったものに他の人々が誘われて行くのを見ながら自らも身を投じてしまうことを指す行動心理学の用語である。経済学においても，群集心理と市場価格の上昇などを結び付けて解説することが多い。

　オランダのチューリップ・バブルでも，日本の株式バブルや不動産バブルもバンドワゴン効果が確認できる例であろう。サブプライム危機からリーマンショックに至る世界的経営危機の中で，世界有数の巨大金融機関であるアメリカのシティグループで最高経営責任者を務めたチャールズ・プリンス氏は，「音楽が鳴っているうちは踊り続けなければならない」とメディアに語ったが，まさに銀行，企業，個人を問わず様々な主体が躍った結果がバブルなのである。

5　平成大不況

1) バブル崩壊後から設備投資不況まで

　バブル崩壊を境界線として，日本経済の低成長が始まった。細かく見ていくと，1990年第2四半期（4〜6月）のGDP成長率は6.9％であったのに対し，1991年第1四半期（1〜3月期）には0.1％まで落ち込んだ。

売上増加を見込んでバブル期に行った設備投資は，企業の重荷となった。製造業の工場は稼働率が低下し，生産コストが上昇したほか，小売業の店舗拡大も売上不振に陥り赤字店舗が急増した。既に生産した在庫は積み上がり，不良在庫と化した。企業がサイドビジネスで行った不動産投資や株式投資は「財テク」と呼ばれて一世を風靡したが，本業以外の不良資産となって経営を圧迫した。このような過剰設備や過剰投資が失われた20年の序章を飾った。

　1992年からは，このように投資意欲を失った企業の姿勢を反映し，設備投資は前年を下回り始めた。この時期は最終消費が前年比＋1.5％とまだ堅調さを保っていたが，全体として経済成長が止まってしまった。

　こうした設備投資不況に対し，政府は公共事業で対抗する。1992年，当時の宮沢内閣は10兆円の総合経済対策を決めたほか，1994年の細川内閣も15兆円の景気対策を実施した。しかし，1995年には年初から阪神淡路大震災に見舞われたほか，1ドル80円に達するほどの円高の進行により，輸出企業の業績は逆風にさらされた。金融システムもまだ深刻な危機とは言えないものの，兵庫銀行の破たんなどにより「銀行不倒神話」は崩壊した。

　金融政策も，公定歩合を0.5％の水準まで下げるなど手が打たれた。しかし，財政政策と金融政策の効果は一時的で，短期的な景気回復に留まった。

　1997年秋には韓国からタイ，マレーシアに至るまで，為替レートが急落し，外貨準備に乏しいアジア諸国はお手上げの状況となった。このアジア通貨危機は，日本ばかりでなく世界全体の景況感を悪化させた。

　その後の日本経済の決定的なダメージとなったのが，1997年から2003年に続く金融危機の時代である。

2）金融危機

　1997年10月，準大手証券会社である三洋証券が経営破たんした。これに続き，11月大手証券の山一證券が破たんしその後自主廃業した。この連鎖は有力銀行まで及んだ。同じ11月に都市銀行である北海道拓殖銀行が破たんした。翌週には第二地方銀行である徳陽シティ銀行が破たんした。この経過の中で，銀行同

士の資金の貸し借りを行うインターバンク市場が機能不全に陥った。これは互いの銀行がお互いを信用できなくなったためである。この空気は預金者にまで広がり，預金を急いで銀行まで払出しに行くケースも出てくるなど，銀行不信が高まった。「タンス預金」が急増したのもこの時期である。

　1998年10月には日本長期信用銀行，12月には日本債券信用銀行が破たんし，それぞれ国有化（金融再生法で規定された特別公的管理）された。ともに債務超過が判明したわけだが，破たんに追い込まれた一番のきっかけは資金繰りの悪化である。

　銀行は自己防衛に走り，預金の確保と貸出の抑制により資金繰りの安定化を図った。また，赤字決算による自己資本の減少により，銀行が業務を継続する上で求められる自己資本比率の維持のため，リスクを削減する過程で貸出金の回収に走った。これが悪名高き「貸し渋り」あるいは「貸しはがし」である。このため，経済活動を支えるための資金が十分調達できない，クレジット・クランチ（信用逼迫）と呼ばれる状況に日本経済は立たされた。

　政府はこうした金融不安を払しょくするため，銀行支援に動いた。1998年2月には金融機能安定化緊急措置法を時限立法として成立させ，3月には大手銀行など計21行に公的資金1兆8,156億円が注入された。しかし，この金額では銀行健全化には少額すぎるということ，銀行は不良債権を隠しているのではないかということなどが株式市場やメディア等で批判された。同年6月に発足した金融監督庁は7月から主要銀行への立ち入り検査を実施し，不良債権のあぶり出しと十分な引当金の計上を銀行に要請した。これが銀行を恐怖のどん底に陥れた「一斉検査」である。その後，10月には金融再生法ならびに金融早期健全化法が成立し，前者は長期信用銀行2行の破たん処理の根拠法となった。一斉検査の結果等を踏まえて，銀行各行は損失処理を実施し，巨額の損失を計上したが，銀行がこれにより貸出を躊躇することがないように，翌1999年3月に大手15行に対して7兆4,592億円もの公的資金が資本注入された。

　しかし，問題はこれで終わらなかった。一斉検査やその後のフォローアップ検査で，厳しく行われた「資産査定」というのは，銀行が借り手を五つの区分

－正常先，要注意先，破たん懸念先，実質破たん先，破たん先－に仕分けしたものを検査官が適正かどうかチェックするものである。この時期の検査では，不動産業，建設業，商社，小売業，ノンバンクなどの業種を中心に大手企業の一部が，破たん懸念先と呼ばれる不良債権にふるい落とされた。銀行が破たん懸念先に新規に融資を行うことは，背任行為としての法的責任を負ってしまうため，一部貸出債権を免除したり，増資に応じるなどの救済措置を実施し，こうした借り手の財務内容の立て直しを図った。こうした救済措置により，その債務者は破たん懸念先から要注意先（実際は要注意先の中の要管理先という区分となる）に格上げされ，資金を貸し付けても問題ない状況とする例が多かった。破たん懸念先になった企業はこうした救済措置がなければ，多くの場合，会社更生法や民事再生法といった法的整理に入る。これが俗にいう破たんである。

　銀行は長年の取引関係や，社会的影響を危惧してか，法的整理より救済措置を選択することが少なからずあった。しかし，一度救済を受けた企業であっても，根本的に業績が振るわなかったり，銀行による救済措置が中途半端だったりすると再び支援を仰がざるを得なくなるところが出てくるのであった。これが当時「ゾンビ企業」と揶揄された会社で，何度も銀行に泣きつき支援を受けるようなところを指す。これでは，いつまでたっても銀行業の健全性は取り戻せない。そこで次の危機からの脱却につながるのである。

3) 危機からの脱却

　2002年9月，当時の小泉首相はアメリカの盟友ブッシュ大統領と会談し，不良債権問題の終結を約束して帰国した。直後に，信認厚い竹中平蔵氏を金融担当大臣に起用し，いわゆる「竹中ショック」がスタートする。竹中氏は，銀行のコーポレートガバナンスの問題と財務上の隠れた問題の完全解決に動き出し，「金融再生プログラム」を10月に発表した。このプログラムは銀行の健全性を確実に回復させ，金融機能を正常化させることが目的である。このプログラム策定のもとで，資産査定の厳格化，自己資本の充実，ガバナンスの強化の3点を新たな銀行行政の主眼に置かれた。

特に大手銀行に対して実施された「特別検査」では，大口貸出先の債務者区分の銀行間のばらつきをなくすだけでなく，過去に実施した金融支援が適切であったか，今後の対応が場当たり的なものとならないかなどが厳しくチェックされた。

みずほフィナンシャルグループが1兆円以上の増資を取引先からのサポートで実施したほか，多くの銀行が公的資金に頼らず自助努力で増資を行った。しかし，一部の銀行では，財務上の課題を残しながら2002年度決算を終え禍根を残した。6月には，りそな銀行は会計上の無形な資産である「繰延税金資産」の計上の適切性が問題視されたことをきっかけに，2兆円近くにおよぶ公的資金を預金保険法に基づき投入された。その後，三菱東京フィナンシャル・グループとUFJホールディングス（銀行としては東京三菱銀行とUFJ銀行）が2005年10月に合併するなど，大銀行の再編も最終局面を迎えるなどして，金融システムの安定化と銀行財務の健全性の回復が無事遂げられた。

4) 現在の日本に照らして経済学的に考えてみる

① 貸し渋りの経済学

安倍政権発足後，日本銀行は「質的量的緩和」と呼ばれる積極的な金融政策を展開している。その中核をなすのが国債の買い入れによる量的緩和である。バブル崩壊の部分で説明した通り，金融政策の中心は金利政策であった。しかし，既に金利はゼロ近傍であり政策余地がなくなった。そこで登場したのが，量的緩和である。

近年では，日本が2001年から2006年と2013年以降，アメリカが2008年から2014年，欧州中央銀行が2015年から量的金融緩和を行っている。

貨幣数量説では，貨幣量（マネーストック，世の中に出回る貨幣の量と日本銀行当座預金の合計）の増加が物価上昇につながるとされる。日本銀行が貨幣を印刷して，それで国債を銀行などから買い上げれば貨幣の量が銀行を通じ増える。貨幣量が増えれば物価も上昇し，デフレから脱却できるという理屈である。

◇$MV = PY$（Mは貨幣量，Vは流通速度，Pは物価水準，Yは実質国民所得）。

これを別の側面から検証しよう。日本銀行がΔMだけ貨幣量を増やしたとする。実際に世の中で増加する貨幣量はm倍の$m\Delta M$となる。このmを貨幣乗数という。当然，mが1より大きければ，日本銀行が当初に市中に供給した貨幣量より大きくなる。詳細な説明は後の章に譲るが，貨幣乗数は以下の定式化ができる。

$$m = \frac{1+a}{a+\beta}, \text{ここで} a = \frac{現金}{預金}, \beta = \frac{準備預金}{預金}$$

準備預金とは，銀行が預金を顧客から預かったときに法律に基づき一定割合を日本銀行に預けることが求められるが，これを準備預金という。準備預金は日本銀行の当座預金に入れられる。ここで一定割合，すなわちβのことを預金準備率という。

1997年の金融危機の時期には，有力な銀行の破たんが相次ぎ，銀行に対する信用が低下した。このため，預金者は銀行からお金を引き出し現金のまま保有するという，いわゆるタンス預金が増加した。タンス預金が増加すると，aが上昇する。βは1より小さいので，分子である$1+a$は，分母の$a+\beta$より大きくなる。

$$1+a > a+\beta$$

このため，タンス預金増加によりΔaだけaが増加したとすると分子と分母の増加率は，

分子：$\Delta a / (1+a)$

分母：$\Delta a / (a+\beta)$

となり，$1+a > a+\beta$であるため

分子の増え方 $|\Delta a/(1+a)|$ < 分母の増え方 $|\Delta a/(a+\beta)|$ となる。

このため貨幣乗数mは低下する。タンス預金の増加はm低下をもたらす。

金融危機時は，タンス預金の増加による貨幣乗数の低下をもたらすとともに，貸し渋りによる更なる乗数の低下をもたらした。上記のmの定義では，銀行

が日本銀行に準備預金として供出する資金以外を、全て貸出に回すことが前提とされているが、当時の銀行は預金の流出リスクを心配し、手元に置いておく資金を確保するため、安心して融資を行えない状況にあった。これに加えて、不良債権処理による赤字決算により、自己資本が目減りしてしまい、銀行が守らなければならない「自己資本比率」を維持するため、融資に躊躇するようになった。これが貸し渋りである。貸し渋りを式で示すと以下の通りとなる。

$$m = \frac{1+a}{a+\beta+\gamma}, \ ここで \gamma = \frac{貸出に回さない預金}{預金}$$

預金流出のリスクと自己資本比率のひっ迫はγを上昇させmを更に低下させたのである。

資金のめぐりは悪くなり、資金繰りを気にしながらの経営は投資意欲を減退させた。これが、金融危機がもたらす実物経済への影響である。

② 株価を考える

株価の理論値を求める方法として、最も基本的ではあるものの重要な示唆を与えてくれるのは、配当割引モデルである。

株式を買って1年後の配当をD_0、配当の増加率を年率でg、金利水準をr、とすると株価の理論値Sは以下のようになる。なお、厳密にはrはその株式のリスクを反映した「資本コスト」が使われる。

$$S = \frac{D_0}{r-g}$$

バブル経済の生成過程では、低金利の政策がとられたためrは↓、企業業績の見通しも明るかったため、gは↑となっていた。このため$r-g$は↓となり、Sは上昇する計算になる。バブル期の株式市場の上昇はこれだけでも説明できる。

三重野総裁によるバブルつぶしのための利上げにより、rは↑となるため株価Sは低下する。更に地価下落や原油価格上昇による不透明感増大から、消費や投資に陰りが出てくるため、企業業績の見通しも厳しくなるためgは↓と

なった。これに追い打ちをかけて追加的な利上げr↑である。行き過ぎた金融引き締めの結果により，株価が急降下するのもこれで説明できる。

③　日本の金融危機と危機の一般類型化

　我が国は金融危機に直面し，様々な対応を講じたが，多くの場合海外の政策当局や市場から厳しい批判を受けた。何らかの形で金融不安が表面化する，あるいは顕在化する可能性が出てきた場合，多くの場合は，問題の過小評価から始まり，市場からの厳しい反応を経由しながら，根本的な政策対応に帰着する傾向が強い，というのが，過去の日本の歴史や世界的金融危機を観察した結果の印象である。そこで危機の対応を以下の４つのフェーズに類型化した。

図表３−９　危機の４つの類型化

	局面	市場の反応	日本における事象
Ⅰ	表面的問題顕在化と初期的対症療法	短期的かつ小幅の回復あるものの「Too−Late−Too−Small」との認識を共有	① 住専処理と自己査定（95−97） ② 資産の質に係る問題を提起 ③ 山一証券，拓銀が破綻（97／11） ④ 佐々波委員会が小型資本注入（98／3）
Ⅱ	市場の催促に促された対症療法	政策対応を評価，本格的回復局面へ	① 一斉検査（98／7） ② 債権放棄等の私的整理（98−99） ③ 引当・償却の厳格化（99／1） ④ 柳澤委員会が本格資本注入（99／3）
Ⅲ	本質的かつ構造的問題の露呈と混乱	根源的問題を認識，本質的な対応を迫る	① 大口問題先の私的整理の再発（01） ② 救済企業の破綻（01−02） ③ 小泉・ブッシュ会談で約束（02／9） ④ 竹中ショック
Ⅳ	問題の最終的解消	痛みは伴うも，抜本的な問題処理を高く評価	① 金融再生プログラム ② 特別検査で債務者対応方法も精査 ③ 査定・税効果・資本を徹底チェック ④ 増資，救済，整理

出所：筆者

a) 第1フェーズ：初期段階の対症療法

本フェーズの特徴：危機の初期段階では，政策コストの極小化への政治的動機や銀行救済に対する国民からの批判への配慮など，政治的ポピュリズムから，問題への本質的対応が遅れると共に，事態の過小評価に陥る。同時に銀行サイドも，レピュテーショナル・リスクへの配慮や公的資金注入に伴う政府による経営介入への抵抗感から，財務健全性に係る自己評価が過大となる傾向がある。したがって，このフェーズにおいては，根本的な問題の解消はもとより顕在化した問題への対応すら不十分となる。

我が国のケース：我が国の金融危機においては，1997～98年がこのフェーズであると位置づけられる。1997年後半は，三洋証券，山一證券，北海道拓殖銀行の相次ぐ破綻が発生し，年末越えの資金調達がタイトとなるなど，金融不安が高まった。市場は銀行の資本不足を懸念し，株価は急落した。これに対し，政府は金融危機安定化法（略称）を成立させ，銀行への資本注入の枠組みを整えた。しかし，必ずしも厳格な資産査定が実施されたとはいえない状況で各行が資本注入の申請を行ったほか，申請金額の多い銀行は風評リスクにさらされるとの懸念から，結果的に大手銀行各行にほぼ1千億円程度の均一な注入額に留まった。このため，一時的には株価が回復したものの，形式的な公的資金注入では市場の信認は得られず，株価は下落を続けることとなった。

b) 第2フェーズ：市場からの圧力とより根本的な対症療法

本フェーズの特徴：初期段階における対応の不十分さを背景に，市場の政策対応への不信感が鮮明となる。より抜本的な政策対応を催促する形で，様々な市場価格が下落する。この状況では，銀行間の資金融通が不全に陥るほか，預金流出などにより，銀行の資金繰りが逼迫する。流動性不安および自己資本比率低下の懸念などから銀行の資産圧縮が進み，貸し渋りに代表されるクレジットクランチが発生することで，追加的な政府の危機対応が余儀なくされる。この局面では，市場の懸念払拭のため，資産査定の厳格化，引当水準の引き上げ，

これらに伴い不足する自己資本の充実が促される。これにより既に顕在化したリスクへのより包括的な政策対応が実施され，市場から一定の評価が得られる。

我が国のケース：1998年3月における1.8兆円の公的資金注入では不十分との見方が市場で共有され，銀行のアセットクオリティへの不安が募った。こうした状況を背景に，当時の金融監督庁（現・金融庁）は，同年7月以降，大手銀行の一斉検査に着手し，貸出等の資産の厳格な査定をオンサイトにて徹底して行うこととした。この間，日本長期信用銀行や日本債券信用銀行などの相次ぐ破たんを横目に，破たん銀行の処理や銀行の資産状況の透明性向上を企図した金融再生法，銀行への公的資金注入を可能とする金融早期健全化法などが国会で成立し，厳格な不良債権処理と銀行の資本基盤再構築のための枠組みが整えられた。「破たん懸念先」への引当率75％などを明示した上で，1999年3月に大規模な公的資金注入を実施し，市場からは一定の評価を得るに至った。

c) 第3フェーズ：構造的問題の顕現化

本フェーズの特徴：第1および第2フェーズでは，資産査定の厳格化などを通じ，顕在化した問題への対応が適切に行われたものの，こうした問題が発生した構造的問題に対処するには至らない。このため，これまでと同様の問題が発生し，問題の根本が解決されていない状況が露呈される。市場は繰り返される問題の発生に，従来以上に不安感を増幅させ，政策対応の不十分さへの不満が，様々な市場価格の下落により表現される。この段階では，市場ばかりでなく，諸外国からも問題解消に向けた政治的な取組みを求められるなど，強い圧力にさらされることとなる。

我が国のケース：1999年の公的資金注入により銀行問題は解消されたと思われたものの，そのわずか2年後の2001年にマイカルが破たんし，銀行問題への政策対応に綻びが見られるようになる。これ以降，過剰設備やこれに伴う過剰債務を抱えた大企業の財務状況の悪化が次々に表面化することとなった。取引

銀行に対し金融支援を求めた多くの企業が、1998〜99年において債権放棄等の私的整理を通じて再建途上にあり、これらは俗に「ゾンビ企業」と揶揄された。こういったミクロでの問題の発露が、日本全体の構造調整の不十分さを露見させ、より抜本的な解決を市場が求めることとなった。

d) 第4フェーズ：構造的問題への果断な対応

本フェーズの特徴：第2フェーズまでで実施された、顕在化した問題への「対症療法」では、再び同様の問題が浮上しかねない、との認識が市場や諸外国で共有化される。政府はこれを受け、政策的なコストや短期的な経済の痛みを覚悟しながら、構造改革への政治的な決意を固め、より抜本的な政策対応が実施される。これにより、問題の根源となる構造要因が取り除かれ、市場からの信認が回復することとなる。

我が国のケース：2002年9月、米国での小泉・ブッシュ会談において、日本は不良債権問題の抜本処理を約し、小泉首相が帰国後即座に任用した竹中金融担当大臣（当時）の下、「金融再生プログラム」が実行された。1998年における一斉検査では、全体的な資産査定の厳格化が求められるに留まったが、2002年以降の「特別検査」では、大口融資先にターゲットを絞り、金融支援の方法などの銀行の対応方法まで金融庁の精査が及んだ。これにより、銀行は中途半端な不良債権処理の対応では済まされなくなり、大口問題先の抜本処理が加速した。この時、多くの銀行が公的資金に依存せずに増資を行ったが、（預金保険法102条の適用を受け）りそな銀行には多額の公的資金投入が実施された。この事案により、抜本的な構造改革（＝バランスシート調整）とこれを支えるセーフティネット（公的資金によるサポート）が確認され、市場の信認が回復した。

e) 我が国の事例と株価の反応
① 第1〜2フェーズで小反発：
1998年3月に実施された公的資金注入は、ある程度の安心感と金融市場安定

化への期待感から，銀行株価の回復を促したものの，この傾向は長続きしなかった。市場の銀行の資産内容に対する不安感は根強く，株価は下落の一途をたどり，政府は金融検査の強化に乗り出すこととなった。この結果，銀行の損失が膨らむとの懸念が広がり，株価の下落は続いた。日本長期信用銀行などの破たんにより金融不安は最高潮となり，政府は公的資金注入への対応を急いだ。当時の金融担当大臣で，金融再生委員会委員長であった柳澤伯夫氏は，銀行財務基盤の強化による市場の不信感の一掃を図るため，資産の健全化とこれに呼応した公的資金による資本増強を断行し，市場の信認を勝ち得た。具体的には，1999年1月に資産査定の厳格化を前提に，「資本増強に当たっての償却・引当についての考え方」を発表し，破たん懸念先に対する引当率を75％以上とするなどの条件を，公的資金注入にあたって付した。公的資金投入が決定した同年2月には，株価はボトムを打ち，上昇軌道に乗った。

② 第3～4フェーズで株価大転換：

しかし，2001年のマイカル破たんやこれに続く，数々の大口融資先の私的整理の連続により，市場の不信感は再び高まりを見せた。株価はその後も軟調に推移し，構造問題への対処を暗黙のうちに政府に促す形となった。小泉政権は竹中氏に金融セクターの構造改革を付託し，強硬路線を市場に印象付け，この結果として銀行国有化の懸念が市場に広がり，銀行株価は軒並み下落した。しかし，構造的な問題の解消と，これに続くセーフティネットの明示が，りそな救済を通じて市場に伝わり，銀行株価は急速に回復局面へと転じた。

f) 金融危機に見舞われた欧州への適用

欧州は，2009年から断続的にギリシャ問題やイタリア，ポルトガル，スペインなどのいわゆる「欧州周縁国」の財政危機，金融危機の問題を抱えてきた。その後紆余曲折を経ながらも，欧州中央銀行（ECB）による金融緩和やギリシャ向け債権の一部放棄ならびに財政支援などを経て，2013年には一応の回復を見た。

しかし，欧州の銀行の資産内容については市場の不信感も根強く，また銀行監督も国ごとに基準が異なるなど，金融制度にはかなりの改善の余地があった。こうした状況は，上記四つの類型化の第1から第3フェーズにかけての状況と捉えることができる。

そこでEU（欧州連合）は，主要な銀行の監督権限を各国の当局から欧州中央銀行に移管し，2014年の移管前までの期間においてECBは日本と同様に厳格な銀行の資産内容の精査を実施した。これが第4フェーズに該当するのではないか。

しかし，より悲観的な見方もできる。ギリシャに対する債権放棄は，日本におけるゾンビ企業への債権放棄に酷似している。債権放棄などの金融支援は，短期的には借り手の財政状態を緩和させるが，財務や事業の本質的な問題の治癒にはつながらないため，時間の経過と共に，追加的な金融支援の要請がもたらされることとなった。

ギリシャにしても，緊縮財政の中での経済立て直しは難しく，ゾンビ企業と同じ経路をたどることは想像に難くない。

そもそも，異なる生産性，異なる文化・風土，異なるインフレ率を前提としながら，単一の通貨，単一の金融政策で経済を運営していくことの無理が，欧州周縁国のソブリン問題を観察するにつけ，再認識させられる。欧州共同債の発行などによる部分的な財政の統合は，構造的な問題の先送りに過ぎず，ユーロの存続を担保するのであれば，国家主権の重要な部分である財政の完全統合までも視野に入れていく必要があるのではないか。ユーロが抱える構造問題は，将来のどこかの段階で向き合わなければならないだろう。

第4章　需要と供給の基本

1　需要曲線と供給曲線

1)　基本概念

　市場の価格決定のメカニズムというのは，需要と供給が一致したところで値段が決まるということは直感的に理解されているかもしれない。それでは，需要と供給とは一体何だろう？簡単に言えば，需要は消費者（需要者）の欲しい気持ち，あるいは買いたい気持ちである。

　りんご1個に対して100円の価格が仮に示された場合に，Aさんは5個買いたい，Bさんは10個買いたいというように，世の中の需要者の買いたい個数を集計して出てきた個数が，「りんごの価格100円の場合の需要」となる。集計結果が50個であれば，価格100円で50個の需要という数量が決まる。一方で，供

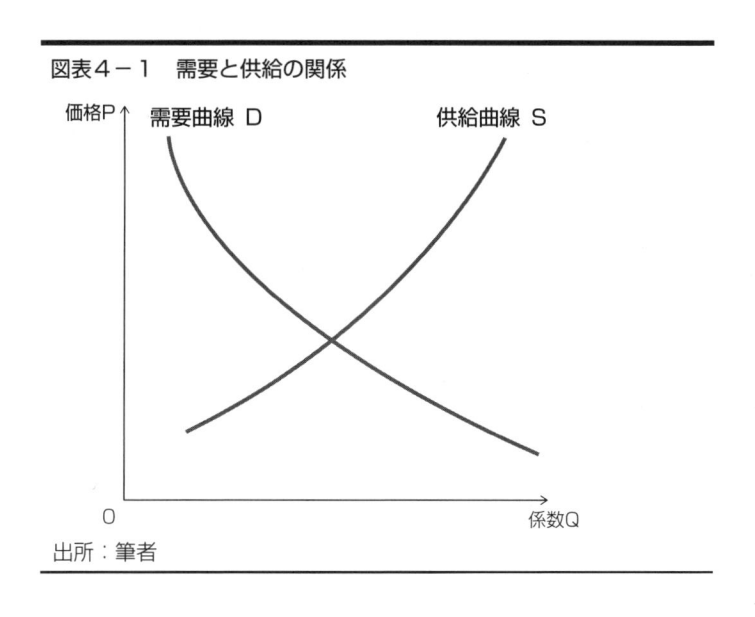

図表4-1　需要と供給の関係

出所：筆者

給とは生産者（供給者）が売りたい気持である。価格100円で，供給者Cは20個，供給者Dは15個売りたいというものの総和が供給である。

　それぞれの価格ごとの需要数を結んだものが需要曲線，供給数を結んだものが供給曲線である。需要は，価格が高くなるほど減って，安くなるほど増える。したがって，図表のように価格を縦軸，数量を横軸とする需要曲線は右肩下がりとなる。反対に，供給は価格が高いほど増えていくため，供給曲線は右肩上がりとなる。

　厳密には，個々人の需要や供給を表したものが個別需要曲線あるいは個別供給曲線というのに対し，個々人の需要や供給を足し上げたものを，それぞれ市場需要曲線，市場供給曲線という。以降は，市場全体の需要や供給を単純に需要曲線，供給曲線と呼ぶこととしよう。

　需要と供給が一致するところで，価格が決定されるのが市場の価格決定メカニズムであると述べたが，一致しない場合はどうなるか考えよう。ある価格で需要が供給を上回ったらどうなるか？たとえば，価格100円で需要が150個，供給が100個の場合を考えよう。需要が供給を上回っている。

　この状況を「超過需要」という。供給者はもう少し値段を上げても，売れ残りがなくなるので，値上げするだろう。値上げに伴い，需要も少なくなる。仮に，価格120円で需要が130個に減り，供給が130個に増えれば，過不足がなくなる。ここで価格が決定される。

　供給が需要を上回る状況を「超過供給」というが，この状況では価格が下がることで需要と供給が釣り合うように調整される（図表4-2）。これが均衡という。

図表4－2　需要と供給の価格調整

出所：筆者

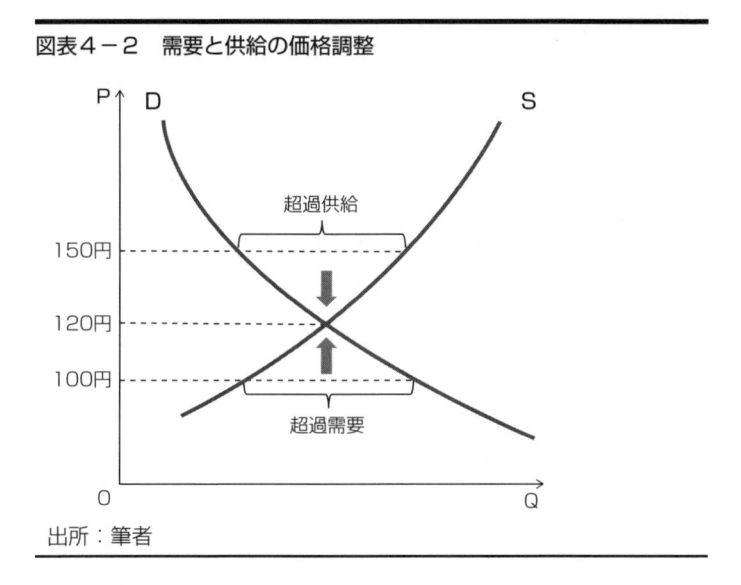

2) 代替財と補完財

　商品などの特徴で，「代替財」や「補完財」というものがある。こうした商品は，他の商品から需要面で影響を受けたり，逆に与えたりする。

① 代　替　財：

　ある商品の代りの役割を果たす機能をもっている商品やサービスを代替財という。たとえば，バターとマーガリンのような関係がお互いに代替財としての関係と言える。またモノでなくサービスにもこうした関係が現れる。同じ地域を結ぶ電車とバスなどがこれに該当する。代替財の需要面での特徴としては，他の代替財の価格が大きく変化したり品不足になったりしたときに，その商品の需要そのものが影響を受けることである。バターが品不足などで値上がりすると，マーガリンの需要が増え，結果としてマーガリンの価格も上がることがある。

② 補 完 財：

　ある商品を消費するときに，他の商品も併せて消費することが多い商品やサービスを補完財という。コーヒーと砂糖などがこうした関係にあるだろう。ブラックコーヒーを好む人が多い場合を除いては，コーヒーに砂糖を入れる。コーヒーを飲むことがブームになると，コーヒーへの需要も増えると同時に，砂糖への需要も増えるに違いない。また，遊園地に人気が出たときに，遊園地まで行く電車などの交通手段も需要が増える。このように代替財や補完財は，他の商品の市場動向がその商品の需要や価格をも左右する特徴がある。

2　曲線のシフト

1）需要曲線のシフト

　価格によって需要や供給を変化することが，需要曲線や供給曲線が形作られる基本である。しかし，それぞれの曲線自体が動いてしまうことがある。これが需要曲線や供給曲線のシフトである。まず，需要曲線のシフトを考えよう。

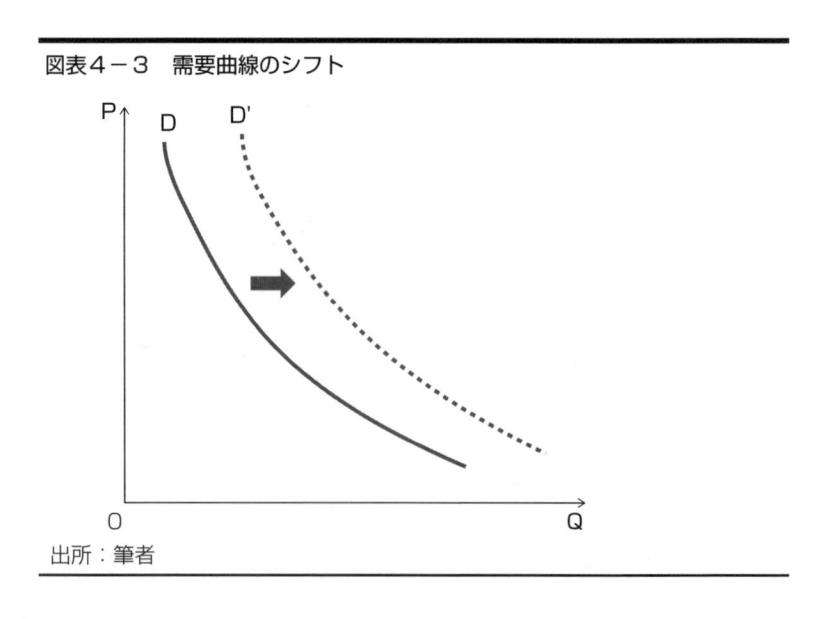

図表4-3　需要曲線のシフト

出所：筆者

第4章　需要と供給の基本

最も分かりやすいのは，人口増加である。人口の増加は需要者が増えることを意味しており，それぞれの価格における需要数を増やすこととなる。そうなると，図表4-3にあるとおり，需要曲線は右にシフトする。

供給曲線が変わらなければ，価格と数量がそれぞれ上昇したところで新しい均衡点が決まる。人口ではなく，所得つまり給与水準が増える場合も同じような需要曲線のシフトが考えられる。

2) 供給曲線のシフト

供給曲線のシフトは，生産に使われるもののコスト（投入要素価格）変化により起こることが多い。オイルショックにより生産に必要なエネルギーのコストが上昇すると，同一価格で供給したい数量が減少する。つまり，供給曲線が左にシフトする（図表4-4）。

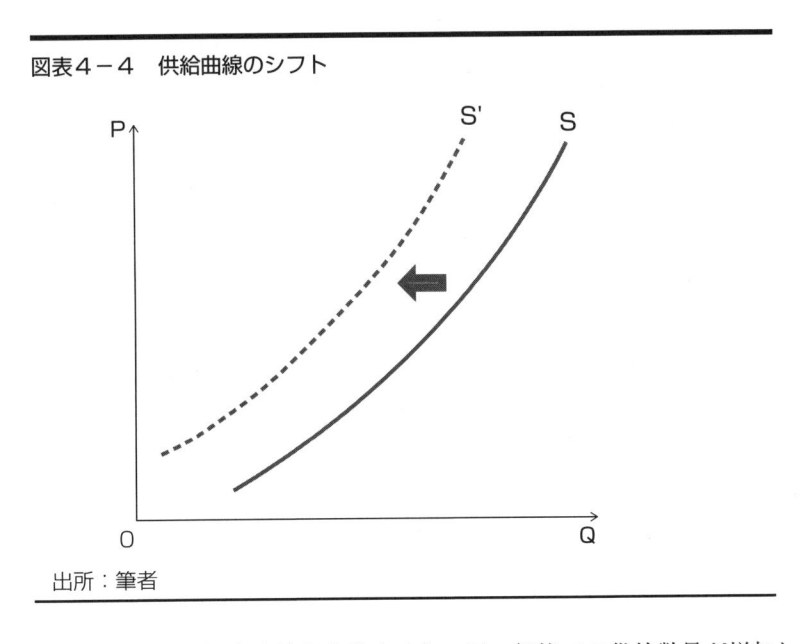

図表4-4　供給曲線のシフト

出所：筆者

逆に技術革新により生産性が改善すると，同一価格での供給数量が増加し，供給曲線は右にシフトする。

67

3) 代替財と補完財の影響と曲線のシフト

　代替財の動きが需要曲線を動かす仕組みを考える。小麦が凶作でパンの値段が大幅に上がったとしよう。今までパンを朝食にしていた人々で，ご飯に切り替える人が出てくる。そうなると，お米に対して今まである価格で需要されていた量を上回る需要が見込まれることとなる。パンとお米の市場の変化をそれぞれ考えてみよう。

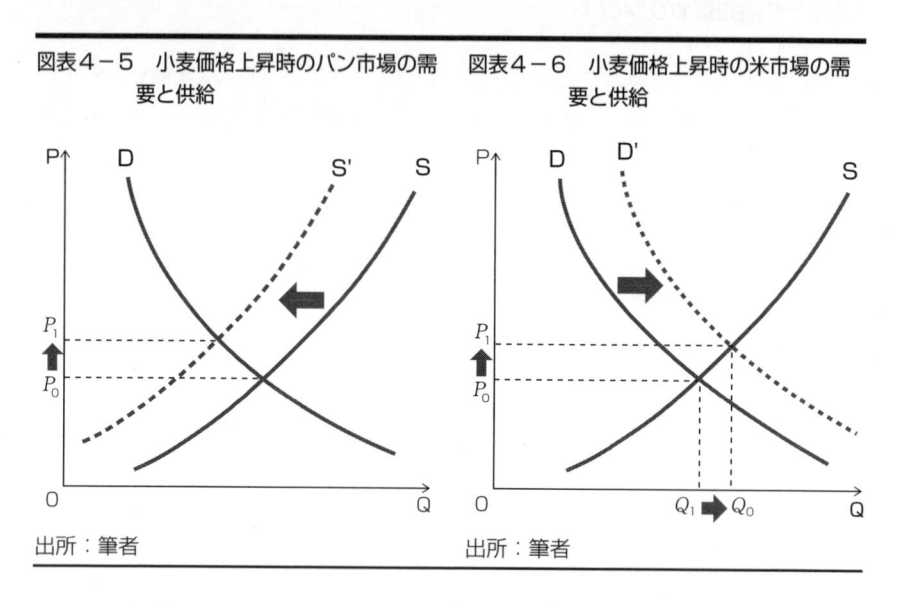

図表4-5　小麦価格上昇時のパン市場の需要と供給

図表4-6　小麦価格上昇時の米市場の需要と供給

出所：筆者

出所：筆者

　パンの原料コストの増加により，それぞれの価格での供給量が減ってしまう。このため，供給曲線は左にシフトする（図表4-5）。これにより，パンの需要と供給の均衡点は，より高い価格とより少ない供給量の組み合わせに変化する。一方でお米の市場では，同一価格における需要数が増加し，需要曲線が右にシフトする（図表4-6）。このため，お米の値段が上がり，数量も増えたところで均衡する。

　補完財についてはどうか。餃子の皮とひき肉の関係を考えよう。牛豚が特殊ウィルスの関係で食肉の供給量が減った場合，ひき肉の価格が上昇する。ひき

肉の価格が上昇すると，餃子を作るコストが上がってしまうため，餃子の皮の需要が減ってしまう。ひき肉は，上記パンの例と同様に，供給曲線が左にシフトする（図表4-7）。ひき肉と補完財の関係にあった餃子の皮の需要曲線は，左にシフトしてしまい，均衡点は価格の下落と数量の減少に移ることがわかる（図表4-8）。

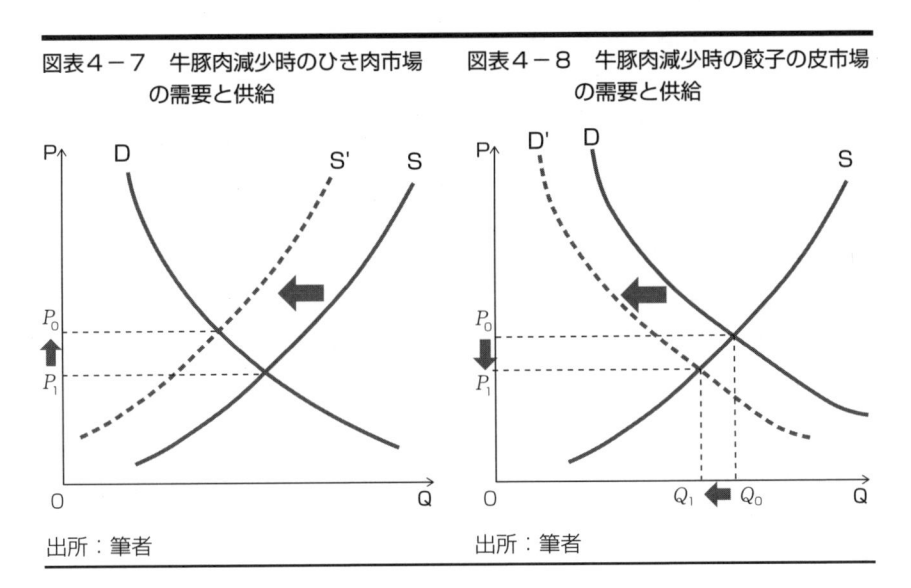

図表4-7 牛豚肉減少時のひき肉市場の需要と供給

図表4-8 牛豚肉減少時の餃子の皮市場の需要と供給

出所：筆者

出所：筆者

4) 様々な状況による需要と供給を考える

様々な環境変化による需要曲線や供給曲線のシフトの例を以下に示す。

① テレビ健康番組で「アロエ」が健康に良いことが放送されたあとのアロエ市場 （需要曲線→右シフト）
② プリンター価格が技術革新で下落した場合のインクリボン市場（需要曲線→右シフト）
③ 冷夏のビール市場（需要曲線→左シフト）
④ 所得が増えた場合の，ブランドバッグ市場と低廉バッグ市場（ブランドの需要曲線→右シフト，低廉→左シフト）。この場合，所得が増加して需要が

減少する財を「劣等財」という。
⑤ 生産業者の倒産（供給曲線→左シフト）
⑥ 絶滅危惧種に指定されたニホンウナギの市場（供給曲線→左シフト）

3　需給の複合的な相互作用

1）　自動車工場の賃金上昇

需要や供給の変化が相互に働き掛けるメカニズムを考えよう。第一に，自動車工場の例である。

① 　自動車工場の給与水準の上昇により所得が増加→需要曲線が右シフト（価格↑，数量↑）
② 　自動車生産コストの増加により供給への影響→供給曲線が左シフト（価格↑，数量↓）
③ 　売上減少により給与水準引き下げ→需要曲線が左シフト（価格↓，数量↓）

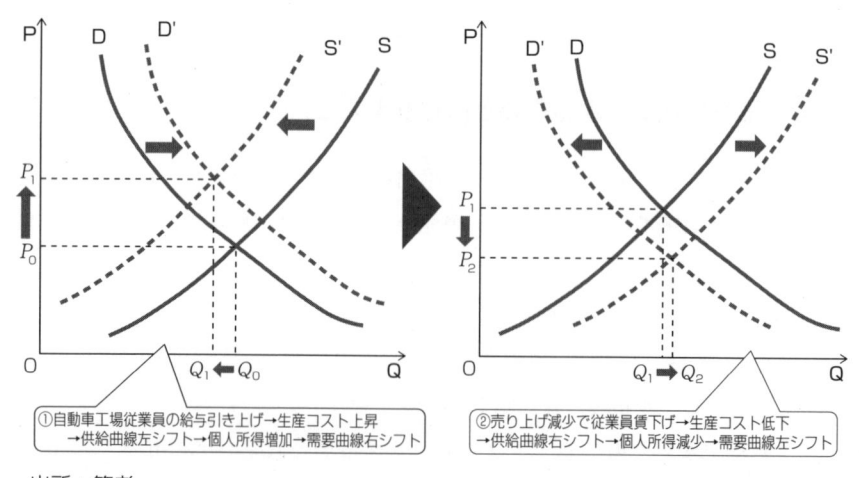

図表4−9　自動車工場従業員給与引上げの複合的効果

①自動車工場従業員の給与引き上げ→生産コスト上昇
　→供給曲線左シフト→個人所得増加→需要曲線右シフト

②売り上げ減少で従業員賃下げ→生産コスト低下
　→供給曲線右シフト→個人所得減少→需要曲線左シフト

出所：筆者

④ 自動車生産コスト改善→供給曲線が右シフト（価格↓，数量↑）

2) 円高と自動車

第二に円高の影響を考える。
① 円高で自動車輸入増加→供給曲線が右シフト（価格↓，数量↑）
② 輸入車増加により国内自動車メーカーがリストラ（従業員解雇）→需要曲線が左シフト（価格↓，数量↓）
③ 売上減少で更にリストラ→需要曲線が左シフト（価格↓，数量↓）

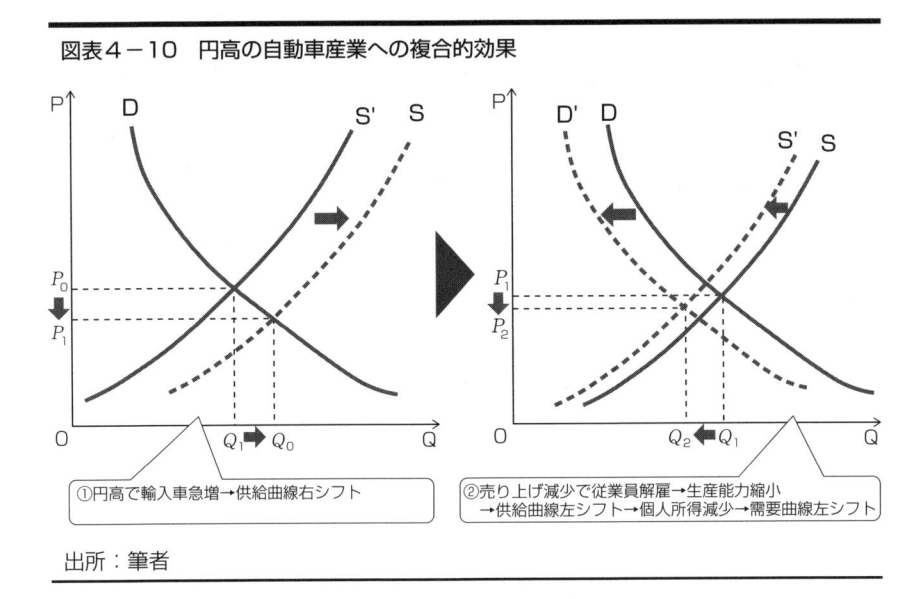

図表4－10　円高の自動車産業への複合的効果

①円高で輸入車急増→供給曲線右シフト

②売り上げ減少で従業員解雇→生産能力縮小
→供給曲線左シフト→個人所得減少→需要曲線左シフト

出所：筆者

3) クジラ肉の変遷

最後に価値観や規制の影響である。
① 昔，クジラ肉は高級品ではなく学校の給食で当たり前のように出ていた
（需要曲線の形は高い価格で需要が激減する形）
② 捕鯨禁止で供給量が激減→供給曲線が左シフト（価格↑，数量↓）

図表4-11　商業捕鯨禁止とクジラ肉の価値観変化の影響

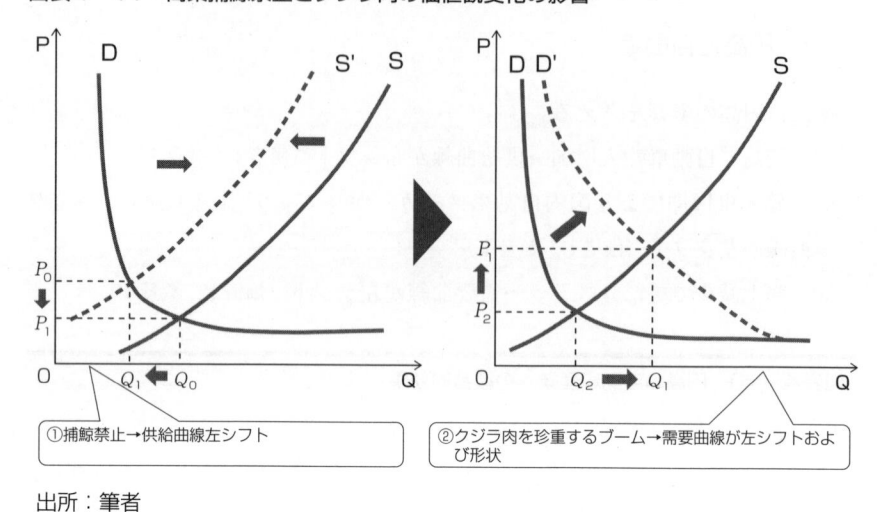

①捕鯨禁止→供給曲線左シフト

②クジラ肉を珍重するブーム→需要曲線が左シフトおよび形状

出所：筆者

③　鯨肉は貴重品と考えられ需要曲線の形も変容→需要曲線が右シフト（価格↑，数量↑）

4　価格弾力性

1）需　　要

　価格弾力性というのは，モノの値段が変化した場合に需要や供給の数量がどの程度変化するかを示すものである。数式で示すときこうした価格弾力性はη（読み方はエータ，需要はη^D，供給はη^S）とする。

　価格PがΔP変化した場合は$\Delta P/P$，これに伴う数量の変化がΔQとするとその変化率は$\Delta Q/Q$

　このため，需要の価格弾力性は$\eta^D = \dfrac{\Delta Q/Q}{\Delta P/P}$となる。

　たとえば1,000円の商品Aと同じく1,000円の商品Bを考える。それぞれ200

円の値上げをしたとすると価格変化率$\Delta P/P$は20%となる。商品Aへの需要が100個から70個へ、商品Bへの需要が50個から45個へ減ったとする。この場合、需要数量の変化率$\Delta Q/Q$はAが30%[=(100−70)÷100]でBが10%[=(50−45)÷50]となる。価格弾力性η^DはAが1.5[=30%÷20%]でBが0.5[=10%÷20%]と計算される。

したがって、このケースでは商品Aの価格弾力性が商品Bを上回ることがわかる。価格弾力性が高いとは、ちょっとした価格の変化で需要が左右されやすいということであり、一般的には生活必需品ではない場合が多い。

価格弾力性η^Dが0のケースも考えられる。たとえば不老長寿の薬などである。残念ながらこうした薬はこの世には登場していないが。電力や水などは価格に左右されないため、$0<\eta^D<1$となることが多く、日用品は概ね$\eta^D=1$程度。自動車やパソコンなどは$\eta^D>1$の場合が一般的とされる。

2) 供　　給

供給の弾力性については、ルノアールの絵画のように供給が極めて限られる場合は、供給の価格弾力性η^Sが0となる。原油などは生産が政策的に調整されるため価格に対する感応度が低いため、$0<\eta^S<1$となることが多い。日用品は概ね需要と同じく$\eta^S=1$程度。農産物のなかでも商品作物のように他の作物への生産シフトがしやすいケースでは$\eta^D>1$の場合がある。

3) 課　　税

価格弾力性は、政府の課税政策にも影響する。消費税の引き上げは、消費の冷え込みをもたらし、景気が悪化するばかりでなく、結果的には消費全体も減少し消費税引き上げによる税収の増加が果たせなくなる場合がある。

価格弾力性の高い商品になればなるほど、購入に伴う課税は購入額を縮小させ、結果的には思惑通り税収増とはなってくれない場合があるのである。

ということは、価格弾力性の低い商品に課税するのが得策のようである。価格弾力性が比較的に低いとされているのがタバコである。タバコは習慣性が高

いため，購入コストの上昇による需要の減少は大きくないとされている。価格弾力性は，価格から見たときの需要曲線の傾きが高いということである（グラフ上はなだらかな曲線となる）。逆にタバコのように価格弾力性が低い曲線は，価格から見たときの数量の変化が小さいということになるので，需要曲線の傾きが縦に急な形状となる。弾力性が低いタバコの方が，需要量の減少が小さいのが以下のタバコと米の影響度の比較からもわかる。

図表4-12　タバコ税と米税の価格弾力性の違いからくる需給バランスの変化
　　　　　（左が米，右がタバコ）

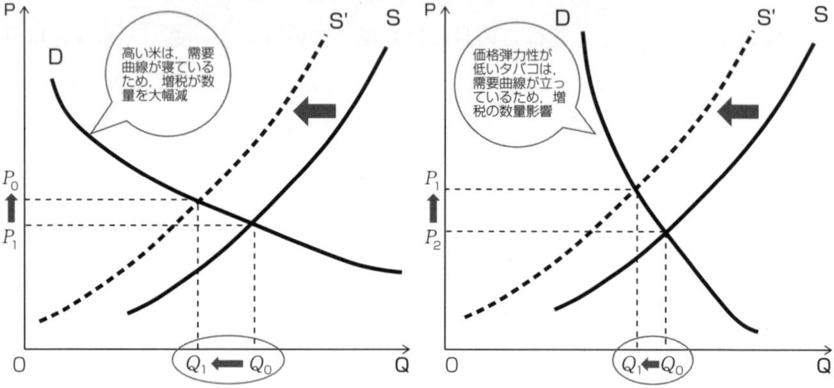

高い米は，需要曲線が寝ているため，増税が数量を大幅減

価格弾力性が低いタバコは，需要曲線が立っているため，増税の数量影響

出所：筆者

第5章 余剰分析

1 余剰とは

1) 基本概念

既に経済学でよく使う概念で説明したが，余剰とは需要者や供給者にとっての「お得な価値」である。消費者余剰（CS = Consumer Surplus と略される）が需要者にとってのお得感（思ったより安く買えた差額と数量の掛け算）の総和，生産者余剰（PS = Producer Surplus と略される）が供給者にとってのお得感（思ったより高く売れた差額と数量の掛け算）の総和である。

価格は市場のメカニズムにより需要と供給の均衡点で決定されるが，決定された価格より高くても買ってもよいと考えている需要者も存在しているほか，決定された価格より安く売ってもよいと考えている供給者もいるわけである。仮に 1,500 円であれば 100 個買ってもいいと思う需要者がいて，価格が 1,000 円で決定したとしよう。そうすると，その需要者が 1,000 円で 100 個買った場合のお得感（節約できた金額）は 50,000 円 [= (1,500 − 1,000) × 100] となる。需要曲線はこうした需要者の集大成であり，価格が均衡点で決定すれば，それぞれの需要者のお得感の総和は計算できる。

2) 消費者余剰

q 個購入する場合に払っていい価格を p^q とおく。これは q 個買う場合の「支払い意欲」と呼ばれる。q 個の需要が発生する場合の消費者余剰 $CS^q = p^q - p^*$（p^* は均衡点の価格）である。この場合，無数にある q 個消費したいと思う場合の消費者余剰の総和を計算すると，以下の定式となる。

$CS = \Sigma_{q=0}^{\infty} CS^q = \Sigma_{q=0}^{\infty}(p^q - p^*) = \Sigma_{q=q^*}^{\infty}(p^q - p^*)$，最後の変形は $p > p^*$ の条件のため。

図表で示すと，ちょうど斜線の部分の面積が消費者余剰となる。

図表5－1　需要曲線と消費者余剰

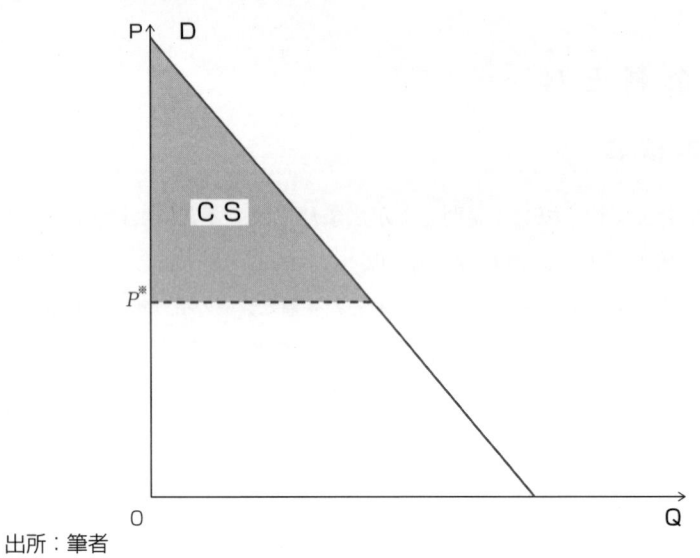

出所：筆者

3) 生産者余剰

生産者余剰は，消費者余剰とちょうど鏡の関係にある。q個生産・販売する場合に当該商品を供給してもいい価格をp_qとおく。供給者にとって供給可能な価格とは生産に伴うコストである。

そもそも供給曲線は生産にかかる費用を表したグラフである。もっと厳密に言えば，1単位生産を増やすことによる費用（限界費用）と価格が一致するpとqの組み合わせが，供給曲線なのである。したがって，生産者余剰とは費用を上回る価格に対応するものであり，生産者の利潤を意味する。生産者余剰の総和を計算すると，以下の定式となる。

$PS = \sum_{q=0}^{\infty} ps^q = \sum_{q=0}^{\infty}(p^* - p^q) = \sum_{q=0}^{q^*}(p^* - p^q)$，最後の変形は$p < p^*$の条件のため。

図表で示すと，ちょうど斜線の部分の面積が生産者余剰となる。
なお，生産者の供給曲線を形作る費用については次章で詳しく解説する。

図表5－2　需要曲線と生産者余剰

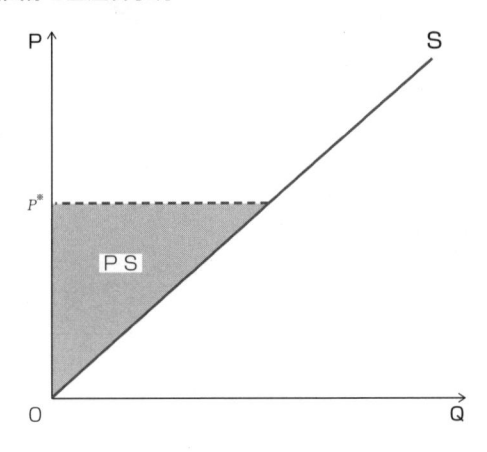

出所：筆者

2　余剰分析

1)　競争市場

消費者余剰と生産者余剰の合計で示されるものが余剰の総和（図表5－3），すなわち総余剰である。総余剰は，いわば需要者と供給者の「しあわせ感」を計量化したものである。何らかの要因で，この余剰が小さくなれば，社会全体の幸福感，あるいは効用の低下をもたらす。

図表5－3　総余剰

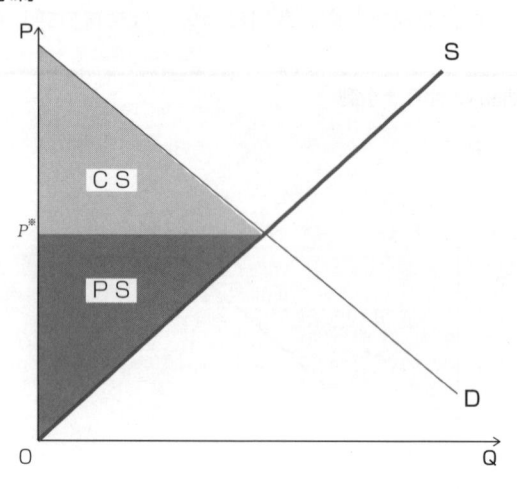

[図：競争市場における消費者余剰（CS）と生産者余剰（PS）を示す需要曲線Dと供給曲線Sのグラフ。均衡価格P*］

出所：筆者

　まず，価格が需要者と供給者の自由な競争から決定する「競争市場」と，数量ないしは価格が外部からコントロールされる市場との比較をしてみよう。この図表が示す通り，通常の競争市場のもとでは，需要曲線と供給曲線との間の部分が隙間なく余剰で満たされている。つまり競争市場では，総余剰が最大となる。

2）制約条件

① 数量や価格が生産者によりコントロールされる場合

　数量がコントロールされるのは，生産者側が「カルテル」などにより価格を吊り上げる目的で行う場合と，政府による生産調整（公害防止のための排出制限など）による場合とが考えられる。

　前者の場合，供給量がqで固定され，価格は消費者がqを購入し尽くす価格で設定されるため，競争市場の均衡点より高い水準で価格が決まる。この場合，消費者余剰と生産者余剰は（図表5－4）の通りとなり，競争市場の時と比べて斜線の三角形部分が損なわれる。この部分はDWL（Dead Weigh Loss）

と呼ばれる。

図表5-4　独占や寡占の場合の総余剰

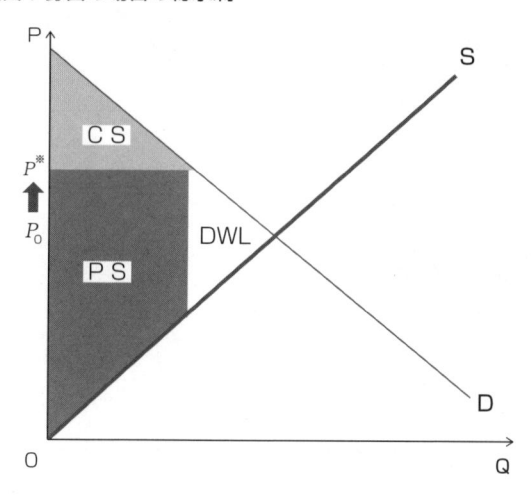

出所：筆者

② 数量が政府によりコントロールされる場合

後者の場合は，カルテルによる生産調整とは異なり，生産者が価格を決められない。このため，q' の生産量が供給される水準で価格が決まることとなる（図表5-5）。

この場合も DWL が発生するが，前者と後者では，消費者余剰と生産者余剰の大きさが逆転しているのがわかる。

図表5-5　統制経済のような生産調整の場合の総余剰

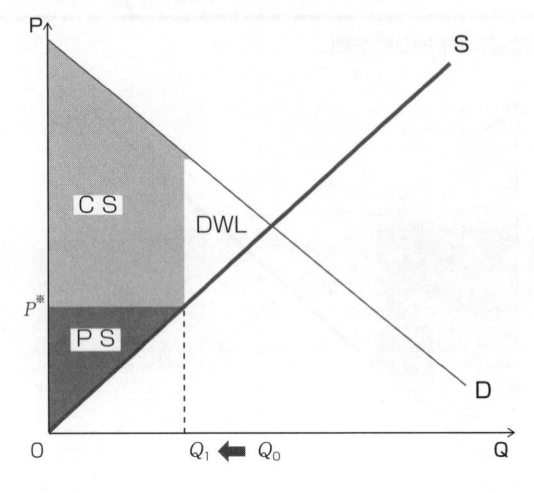

出所：筆者

3) 課税の影響

タバコは需要の価格弾力性が低いため，税収を増やすためには課税しやすい点は既に述べた。これを余剰分析から考えてみる。ここで，価格弾力性の高い例としてチーズ，低い例としてタバコを取り上げる。チーズは習慣性の強いタバコや，生命維持のために必要な水とは異なり，価格が上がれば消費を手控えられやすいためである。

① タバコ（価格弾力性低い財）への課税と余剰分析

タバコのように価格弾力性の低い財の需要曲線の形状は，前章で述べたとおり縦方向に急な勾配の曲線となる（図表）。課税により供給曲線は左にシフト（S→S'）する。供給曲線の課税前と課税後の差分が税収となる。税収（（図表5-6）のT）を政府の余剰とすれば，総余剰はCS + PS + Tとなる。ここでもDWLの三角形が発生する。

図表5－6　タバコ増税と総余剰

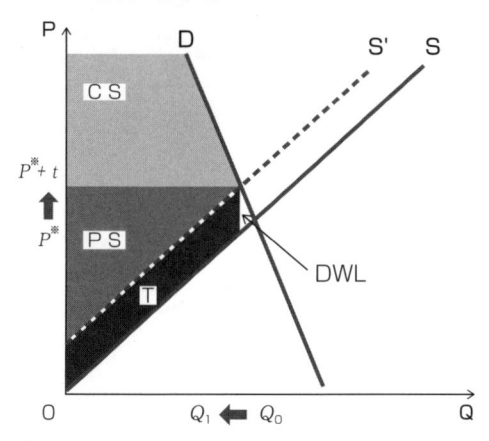

注：Tは税収，tは1数量当たりの増税額
出所：筆者

② チーズ（価格弾力性高い財）への課税と余剰分析

　チーズのように価格弾力性の高い財の需要曲線の形状は，横方向に広いなだらかな勾配の曲線となる（図表5－7）。課税により供給曲線は左にシフト（S→S'）する点はタバコの例と同様である。供給曲線の課税前と課税後の差分が税収となる。税収（（図表5－7）のT）を政府の余剰とすれば，総余剰はCS＋PS＋Tとなる。ここでもDWLの三角形が発生するが，タバコの場合と比べ数量の減少が大きい分だけDWLの面積が増えていることがわかる。

　以上を総合すると，無税で競争市場の環境に比べ，課税はDWLが発生し社会全体の余剰を減少させることになる。しかし，価格弾力性の低い財への課税であれば，他の財に比べこうした余剰の減少が小さくなるのである。

図表5-7 チーズ増税と総余剰

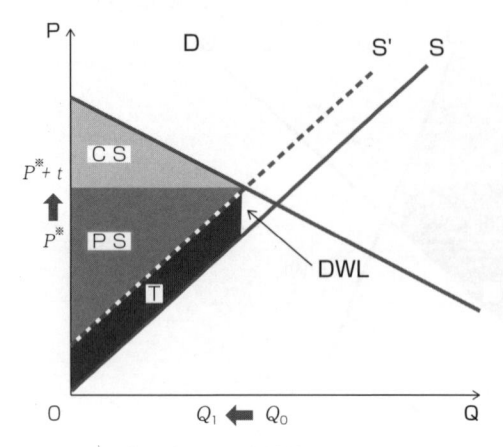

注：Tは税収，tは1数量当たりの増税額
出所：筆者

4） パレート効率性

　余剰分析の最後に，パレート最適について解説しておこう。パレート最適とは，経済学者パレートの主張に基づき彼の名前になぞらえたものであるが，「他者の利益を犠牲にしてでなければ利益を増やせない状況」を指している。

　Aさんはりんごが嫌いでオレンジが好き，Bさんはりんごが好きでオレンジが嫌いである。Aさんはりんごを5個，Bさんはオレンジを3個持っているとする。まず，りんご1個とオレンジ1個をそれぞれ3個ずつ交換するとAさんは大好きなオレンジを3個と嫌いなりんご2個を持つことになり，Bさんは大好きなりんご3個を持つことになる。この交換により，少なくとも当初の段階よりお互いの幸福感が増加したことは自明である。しかし，1個ずつの交換でなく，持っているものをすっかり取り換える，すなわち交換比率を5対3にしたらどうか。Aさんは大好きなオレンジを3個，Bさんは大好きなりんごを5個持つことになる。Aさんの幸福感は変わらないが，Bさんは1対1の交換の

82

ときより幸福感が増幅される。

　このように，分配や交換の方法によっては他者の利益を犠牲にしなくても効用が引き上げられる場合を，パレート的に効率性が低い状況という。

　それぞれの市場参加者の選好が集積されたものが市場であり，市場のメカニズムを通じて交換や売買取引を行うことで，パレート的な効率性が引き上げられることが，上記の例から推察できるだろう。

第6章　消費関数と生産関数

1　消費関数

1)　一般式

本書冒頭部分の「よく使う概念」で，予算制約下における効用極大化について解説した。ここでは，消費者の行動において，予算を所与とした消費の選択とこれに伴う効用極大化について考えてみよう。

消費者の効用uは，消費の量によって決定される。消費する財が1～nまであるとした時の，消費量をx，価格をpで表す。また，消費を予算制約mの中で行う必要がある。これを一般的な式で表すと以下のようになる。

◇効用関数（財1～nの消費により得られる効用）：$u = u(x_1, x_2, x_3, x_4 \cdots, x_{n-1}, x_n)$
◇消費額と予算制約：$p_1 x_1 + p_2 x_2 + \cdots + p_{n-1} x_{n-1} + p_n x_n = \sum_{i=1}^{n} p_i x_i \leq m$

∴予算制約下での効用極大化～　Max u(x)，Sub to $\sum_{i=1}^{n} p_i x_i \leq m$

2)　2財モデル

シンプルな例で考えよう。消費対象のものが1と2の2財と仮定する。予算制約下での効用極大化は，以下の簡単な形となる。

　　Max：$u = u(x_1, x_2)$

　　Sub to：$p_1 x_1 + p_2 x_2 \leq m$

予算制約線は簡単な一次関数なので考えやすいが，頭の中で具体的に考えにくいのが効用関数である。二つの財の組み合わせは無数に存在している。こうした無数の組み合わせの中で，同じ効用を持つ組み合わせを集めたてつないだものを「無差別曲線」という。次の図表は，財1と財2の消費量をそれぞれの

軸とする座標軸である。

　様々な組み合わせをこの座標軸に点で示すことができるが，その組み合わせがu＝10となるような点を結んだのがu＝10の曲線で，効用20となるような組み合わせがu＝20の曲線である。u＝10よりu＝20が右上に位置しているのは，より大きな効用をもたらすためにはより多い数量の組み合わせが必要であるということである。

　こうした無差別曲線は無数に存在しており，u＝10とu＝20の間にも，u＝10.000001やu＝19.99999のようなものも多数存在している。

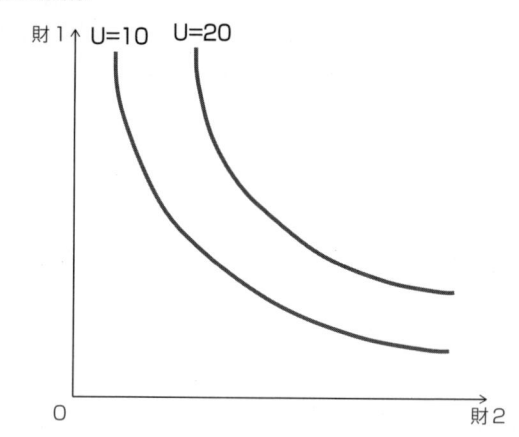

図表6－1　無差別曲線

出所：筆者

　無差別曲線が右上方に行くほど高い効用をもたらすのが特徴である。
　しかし，どの組み合わせも可能かというとそうではない。予算制約線（図表）の左下の斜線部分が可能な組み合わせである。この予算制約線は，上記の$p_1x_1 + p_2x_2 \leq m$を変形して以下のように出してきたものである。

　　　$x_1 \leq m - \dfrac{p_2}{p_1} x_2$→$x_1$を縦軸とした時の切片が$m$で傾きが$-\dfrac{p_2}{p_1}$の直線

図表6－2　予算制約線と無差別曲線

- U=20 → 予算外
- U=15 → 予算とピタリ
- U=10 → 予算範囲内

出所：筆者

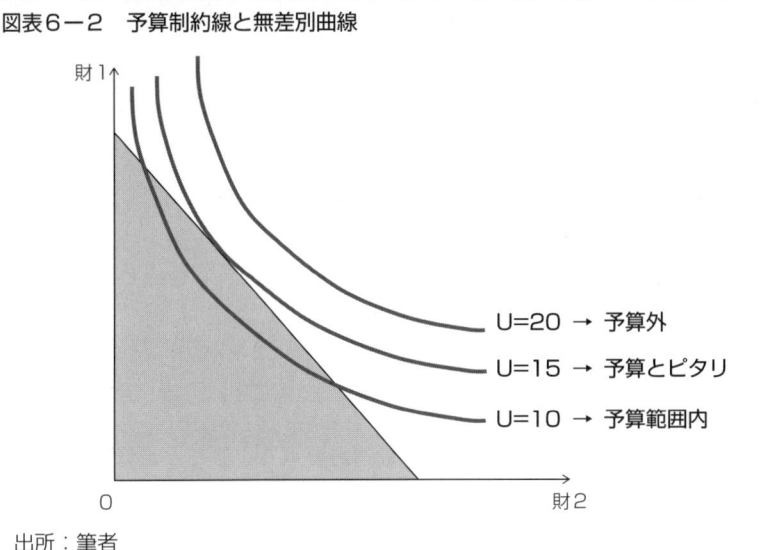

3）最適需要

このように予算制約線で限定された領域内で，最も上位に位置する無差別曲線を選べば，最適な消費の組み合わせが見つかる。直感的には，この予算制約線に接する無差別曲線が最も高い効用をもたらすものと推測することができる。

二つの関数が「接する」条件は，二つの関数の傾きが一致することである。予算制約線の傾きは上述の変形で導かれた$-\frac{p_2}{p_1}$である。

一方で，無差別曲線の傾きは以下の方法で導かれる。財1が1単位増加した時の効用の増え方は，効用関数uをx_1について微分（偏微分）すればよいので，$\frac{\partial u}{\partial x_1}$となる。記号は難しく見えるが，$\partial x_1$は$x_1$は微細な変化を示しており，この微細な変化をした場合の効用の変化幅が∂uである。この微細な効用の変化を「限界効用」という。この場合は，x_1についての限界効用と言う。財2についても同じ形で限界効用が算定できる。x_2についての限界効用は$\frac{\partial u}{\partial x_2}$である。

無差別曲線の傾きは財2を1単位増やした時に，同じ効用を維持するには財1はどの程度減らせるかということなので，限界効用の比になる。

　この無差別曲線の傾きは $-\frac{\partial u}{\partial x_2} \Big/ \frac{\partial u}{\partial x_1}$ となる。

　この $\frac{\partial u}{\partial x_2} \Big/ \frac{\partial u}{\partial x_1}$ を限界代替率という。

　したがって，効用を極大化できる最適需要は，この予算制約線と効用関数の傾きが点で決まる。

$$\frac{p_2}{p_1} = \frac{\partial u}{\partial x_2} \Big/ \frac{\partial u}{\partial x_1}$$

　限界代替率が価格の比と一致する点が最適需要点となることが分かった（図表6-3）。

図表6-3　予算制約の中での最適消費

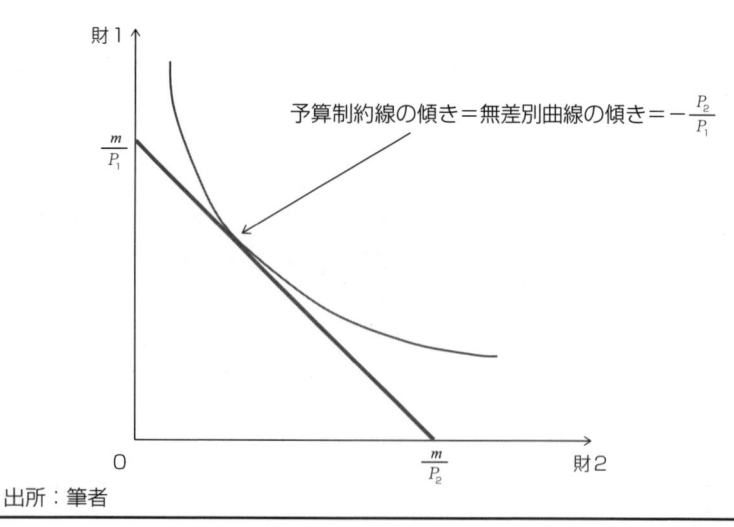

予算制約線の傾き＝無差別曲線の傾き＝ $-\frac{P_2}{P_1}$

出所：筆者

4）劣　等　財

　この消費関数の仕組みを使って，劣等財の特徴について考察してみよう。劣等財とは，所得が増加して予算に余裕が出てきた場合に，通常は消費が増えるはずだが逆に減ってしまうような性質の財やサービスを言う。所得が増えると，安いバッグを買わなくなりブランドのバッグを買うような行動に出る。この場合の安いバッグが劣等財である。

図表6－4　財2が劣等財の場合の所得増加効果

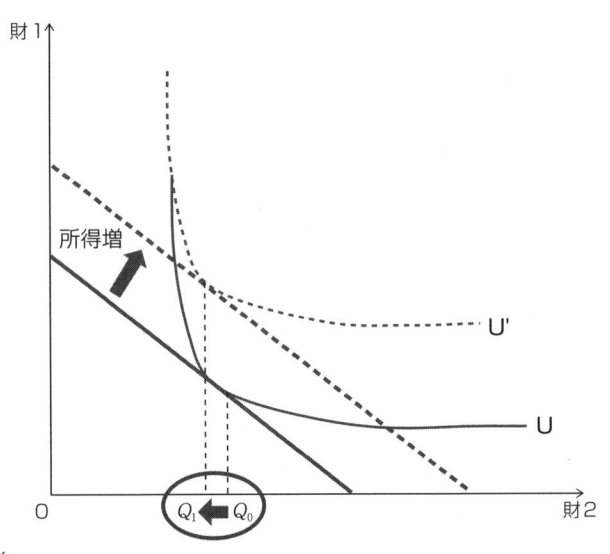

出所：筆者

　通常の商品であれば所得の増加に伴い予算制約線が上方にシフトすることにより，1財も2財も消費数量が増える。しかし，上記の図表のように，予算制約線が上方シフトした場合に，財2の消費数量が減ってしまうのが分かる。これが劣等財の特徴である。

5) ワルラス均衡

本章では，消費関数の仕組みが分かれば十分なので，ワルラス均衡については読み飛ばしても構わない。

すべての財市場が一意的に均衡することを一般均衡，あるいはワルラス均衡という。この説明はあまり現実的でない前提から入る。この世界には，消費者のみが存在し，消費者が保有する財の交換により効用が極大化する状況を想定している。

市場に存在する財は1〜nである。iさんが初期に保有する財の組み合わせが $w^i = (w_1^i, w_2^i, \cdots, w_{n-1}^i, w_n^i)$ で，この財を売却して得られる総額が i さんの予算制約線になる。

これが $p_1 w_1^i + p_2 w_2^i + \cdots + p_{n-1} w_{n-1}^i + p_n w_n^i = \sum_{j=1}^{n} p_j w_j^i$ である。

iさんの最適解は，

$$\text{Max} \quad u^i = u^i(x_1^i, x_2^i, \cdots, x_{n-1}^i, x_n^i),$$
$$\text{Sub to} \sum_{j=1}^{n} p_j x_j^i \leq \sum_{j=1}^{n} p_j w_j^i$$

となる。

これから最適消費計画 $x^i = x^i(x_1^i, x_2^i, \cdots, x_{n-1}^i, x_n^i)$ が決定される。

消費者がr人存在すると仮定すると，総需要Dは $D = \sum_{i=1}^{r} (\sum_{j=1}^{n} x_j^i)$，総供給Sは $S = \sum_{i=1}^{r} (\sum_{j=1}^{n} w_j^i)$ となる。

この総需要と総供給が均衡する点が市場の一般均衡となる。

2 生産関数

1) 一 般 式

消費者（需要者）の行動をモデル化したものが消費関数であれば，生産者（供給者）の行動は生産関数によって説明される。この節で学んで頂きたいのは，ただひとつ，生産者が自由に競争している普通の経済環境において，生産者は

第6章　消費関数と生産関数

「価格が限界費用（もう1個作るときにかかるコスト）に一致する」水準まで下がるまでは生産を続けるということである。

　もちろん，生産者によって事情は異なるだろうから，生産に伴って負担するコストは違うだろう。このため各生産者の限界費用の水準も異なる。これが「供給曲線」を形作る背景である。価格が100円まで下がったときに限界費用に達してしまう生産者もいるだろうし，50円まで余力がある生産者もいるだろう。この価格と限界費用との関係はおいおい説明しよう。

　まず，「何個作るか」を示す生産関数と，売り上げとコストの関係で「いくら儲かるのか」を示す利潤について説明しよう。ここで，生産に用いる資源（人でもモノでもよい）が二つだけ（生産要素1と生産要素2）の単純な世界を考える。それぞれを生産にどれだけの投入数量（人数や物量）したかをy_1とy_2で表す。また，それぞれ1人（1単位）投入するコスト（要素価格という）をq_1とq_2とする。こうした生産要素は投入量に応じてコストが増えるが，当初の工場の建設費用のように，生産量や投入量に影響されず，常に固定される費用もある。これを固定費あるいは固定費用といいFで表す。これに対して投入量によってコストが変わる部分は，変動費あるいは変動費用といい，Vで表す。

　生産量（産出量，生産される個数，x）は次の形（生産関数）で表される。

　　　　x＝f(y_1, y_2)

　なお，生産要素を1単位足した時（1名追加雇用，1kg追加の小麦，など）にどれだけ生産量が増えるかを「限界生産力」という。言葉の印象では「これでは生産が限界だ」というイメージがあるが，まったく違うので注意しよう。限界生産力は偏微分係数を使って次のように表されるが，こうした数式は覚えなくてもよい。

　　　　生産要素1の限界生産力＝$\partial x/\partial y_1$，生産要素2の限界生産力＝$\partial x/\partial y_2$

　次に，一方の生産要素を1単位減らした時に，それを補って同じ量の生産を行うために投入しなければならないもうひとつの生産要素の投入量をいくら増やさなければいけないのかというのを「限界代替率」という。たとえば，生産要素は労働力だけで，生産要素1はAさんの労働時間，生産要素2はBさんの

労働時間とする。Bさんは大変仕事ができる人で，Aさんの倍の働きがあるとする。Bさんが1時間お休みすると，Aさんが2時間余計に働かないと全体の仕事が回らない。この場合の限界代替率の計算は簡単で，2時間÷1時間＝2ということとなる。これを，微分係数を使って定式化すると以下になる。

生産要素1の生産要素2に対する限界代替率＝$(\partial x/\partial y_1)/(\partial x/\partial y_2)$

生産者の利益（利潤，π）は次の式で表される。

π＝売上－総コスト＝$px-(V+F)=px-(q_1y_1+q_2y_2+F)$

※ 売り上げは価格pと生産量xの掛け算

2） 最適な生産計画

少ない費用でいっぱい生産できれば，生産者の利益は増えるはずである。生産者の費用cは，固定費Fと変動費Vの和であるが，Fは固定されているので，生産要素のコストと量によって変わってくる。

$c=F+V=F+q_1y_1+q_2y_2$という形で表せる。

図表6－5　等費用線

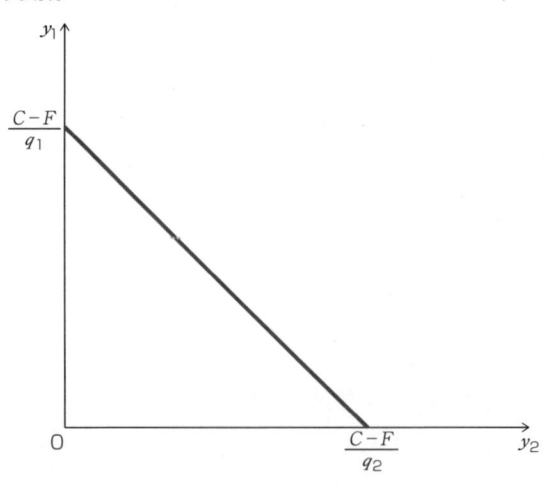

出所：筆者

第6章　消費関数と生産関数

　c, F, q_1, q_2cは与えられた数字があると仮定すると，変数（動き得る数字の組み合わせ）は二つのyだけである。

　これを図表6－5のように座標軸に示すこととする。y_1を縦軸とするので，費用をcで固定した場合の，上記数式は以下のように変形できる。

$y_1 = -\dfrac{q_2}{q_1} y_2 + \dfrac{c-F}{q_1}$，この直線がどこで座標軸と交わるかは，それぞれのyにゼロを代入すればわかる。縦軸（y_1軸）には$\dfrac{c-F}{q_1}$，横軸（y_2軸）には$\dfrac{c-F}{q_2}$で交差するのが計算できる（図表参照）。また，$-\dfrac{q_2}{q_1}$がこの直線の傾きである。この「傾き」があとで重要になるので頭に留めておかれたい。この直線は総費用cの水準によって，平行移動する。それぞれの直線は同一の総費用となるcをもたらすy_1とy_2の組み合わせを線でつなぎ合わせたものであるので，「等費用線」と呼ばれる。

　次に生産要素yの組み合わせで様々な生産量が決まるということを，同じ図表に示す作業をする。（図表6－6）がそのイメージである。グラフが右上に行くほど，生産要素を投入する量が増えるので，より多く生産することができる。そのためx_1よりx_2，x_2よりx_3のほうが生産量が多いということになる。グラフがやや内側に出っ張る（内側に凸）形状に描いているのは，ひとつの生産要素ばかり使っているより，バランスよく使ったほうが，より効率的に多くの物を生産できるということを意味している。

　では，最適な生産方法はどのように決まるのか？以下の順番で考えてみよう。

図表6-6　等量曲線

出所：筆者

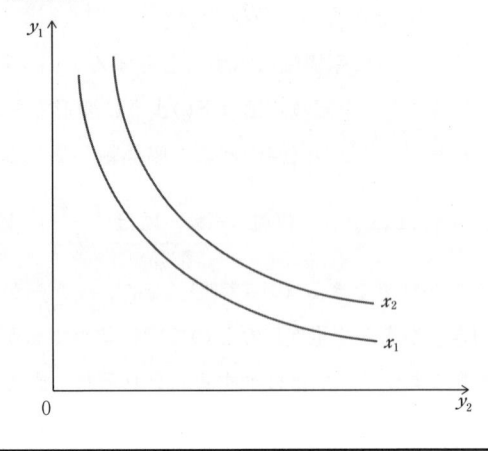

① 市場で価格pが決まれば，最初に「各生産者は自らの限界費用がpに届くまで生産を続ける」と述べたので，その生産者の生産すべき量が決まる。

② その生産量を$\bar{x}$（数学に親しんでいる人にはなじみがあるが，英字の頭にバーを載せているのは，これが変数でなく与えられ固定された数字であることを表している）とする。$\bar{x}$だけ生産するための生産要素の組み合わせは先ほどの図表のように結ぶことができる。これを$\bar{x}$だけ生産するための「等量曲線」と呼ぶ。

③ この曲線上のどの組み合わせが，生産者にとって最適な組み合わせとなるかを考える。そこで登場するのが「等費用線」である。様々な大きさの総費用cをもたらす生産要素の組み合わせが等費用線であることを説明したが，生産数量が決められている中で，「最適な組み合わせ」とは，最小のコストで生産量$\bar{x}$を生産できる組み合わせであろう。この無数の等費用線のうち，最も小さいcとなる線は，（図表6-7）のように②で示された曲線に接するc*であることがわかる。この等費用線がc*より左下に位置

するc₁であれば十分な生産ができないし、c₂であれば、生産要素を使い過ぎで割高になる。

④ 「接する」ということは、その接点での「傾き」が等しくなるということなので、最後に傾きについて考えよう。既に重要だから覚えてほしいと説明したのが等費用線の傾きで、$-\frac{q_2}{q_1}$ である。一方で等量曲線の傾きは、冒頭で解説した限界代替率になる。これは同じ生産量を維持するために、1単位がマイナスとなったときのの追加投入量を曲線の傾きが示すからである。限界代替率＝$(\partial x/\partial y_1)/(\partial x/\partial y_2)$ なので、以下の通りとなる。

$$\frac{q_2}{q_1} = (\partial x/\partial y_1)/(\partial x/\partial y_2)$$

お気づきのとおり、マイナスの符号はわかりやすくするため、両辺から取り外している。

このように、生産すべき量が決まった場合の、生産要素の最適な組み合わせは、生産要素間の要素価格の比が限界代替率に一致するところで決定される。

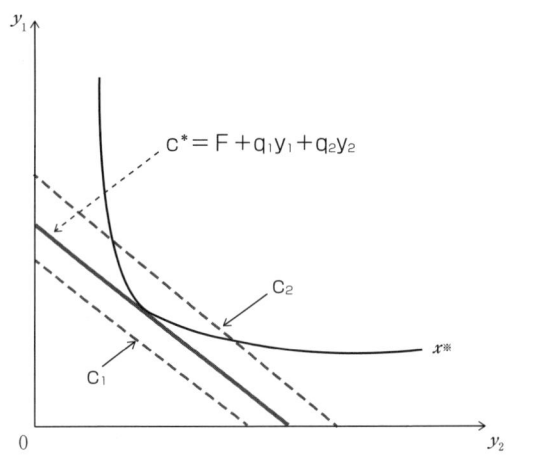

図表6-7　最適生産計画

3） 費用関数と利潤極大化

次に，生産者が「価格と限界費用が一致する水準まで生産を行う」メカニズムについて考えてみよう。考える順番は，①生産数量がx（変数なので定数ではないことに注意）のときの総費用（費用関数）を確認，②生産物1個当たりの平均費用と限界費用の考え方を整理，③平均費用と限界費用を図示，④利潤極大化の条件を整理，⑤利潤極大化のための答えを算出，である。

① 費用関数：

生産数量xが与えられると，前節の経路を通じて生産要素y_1とy_2が決まるので，総費用は変数xによる関数で表される。

$$C(x) = q_1 y_1(x) + q_2 y_2(x) + F$$

　　　※　変数はxだけでq_1やq_2，Fは定数である

② 平均費用と限界費用：

平均費用（AC = Average Cost）は全体の費用$C(x)$を生産された個数xで割ればよいので，以下のようになる。一方で，限界費用（MC = Marginal Cost）は費用関数の傾きなので，$C(x)$をxで微分したものになる。

$$AC = \frac{C(x)}{x}, \qquad MC = \frac{dC(x)}{dx} \quad [\,= C'(x)と略すこともできる\,]$$

③ 費用関数をもとに平均費用と限界費用をグラフ化：

理解しやすいように実際の数字を使って考える。費用関数は3次関数にすると説明がしやすい（この部分深く考えなくともよいが，生産コストの増え方は徐々に緩やかになり，一定水準以上はより速いスピードで増え始めるので，この形がフィットする）。

　　費用関数$C(x) = x^3 - 6x^2 + 13x$

第6章　消費関数と生産関数

$$\text{平均費用 AC}(x) = \frac{C(x)}{x} = \frac{x^3 - 6x^2 + 13x}{x} = x^2 - 6x + 13 = (x-3)^2 + 4$$

→頂点が（3, 4）となる2次関数

$$\text{限界費用 MC}(x) = \frac{dC(x)}{dx} = 3x^2 - 12x + 13 = 3(x-2)^2 + 1$$

→頂点が（2, 1）となる2次関数

二つの図表を見ればわかるように，限界費用の2次関数が平均費用の2次関数の頂点を突き刺していることがわかる。

図表6-8　費用関数（総費用関数，平均費用関数，限界費用関数）

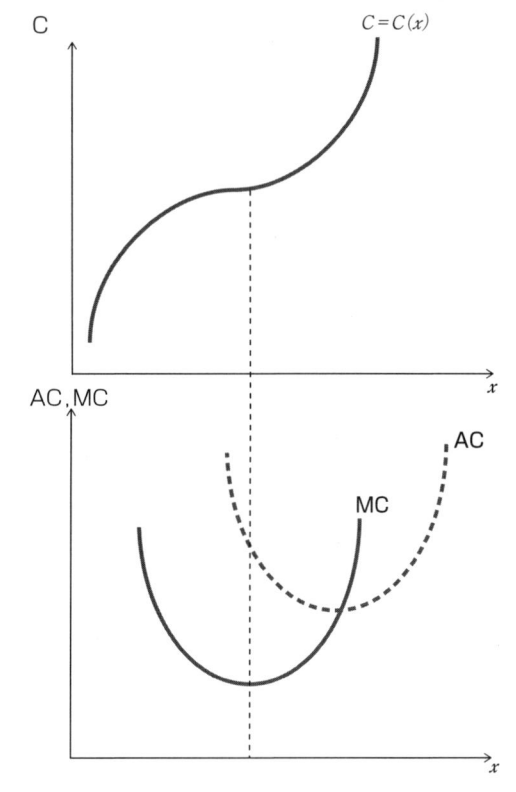

出所：筆者

④ **利潤極大化の条件**:生産者の利潤πは価格と費用関数で決まる。

$$\pi(x) = px - C(x)$$

これを極大化する方法を考えてみよう。

(i) 極大化要件はπ(x)の微分係数がゼロとなることである。

$$\pi'(x) = p - C'(x) = 0$$

※ $\pi'(x)$と$C'(x)$はxについて微分したものを示す

このため、「価格(p)と限界費用($MC = C'(x)$)」が利潤極大化の条件であることが導けた。

(ii) 上記の実例で考えてみよう。

$\pi(x) = px - C(x)$の式に$C(x) = x^3 - 6x^2 + 13x$を代入してみると、

$$\pi(x) = px - (x^3 - 6x^2 + 13x) = -x^3 + 6x^2 + (p-13)x$$

この微分係数は$\pi'(x) = -3x^2 + 12x + (p-13) = 0$となることが条件である。

つまり、$-3x^2 + 12x + 13 = p$であり、左辺は限界費用$MC(x)$、右辺は価格pであることが証明できた。

(iii) 最後にグラフから考えてみよう。市場価格pを図に加えて見ると、図表のようになる。利潤は生産物1個当たりの「値ざや」と個数の掛け算である。値ざやとは価格と平均費用の差である。つまり、図の斜線部分の長方形の面積が利潤である。平均費用が最低となる点は生産個数が少ない。これに比べ、限界費用と価格が一致する点は生産個数が多くなる。実際にどちらが大きな面積となるだろう。

第6章　消費関数と生産関数

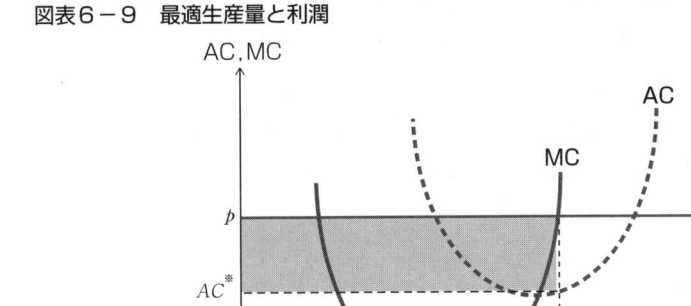

図表6-9　最適生産量と利潤

出所：筆者

　ここまでをまとめてみる。需要曲線は価格が与えられた場合に予算制約の中で効用を極大化する個数の集合である。一方で供給曲線は，限界費用が価格と一致するところまで生産し続けたときの数量の結果の集合である。この均衡点は消費者と生産者の最適行動がもたらす価格と数量の組み合わせとなるのである。

4）変動費と固定費についての事例：派遣社員を志向する企業の行動の説明

　デフレ経済のもとでは，正社員の数を減らして派遣社員で入れ替える企業行動が目に付く。しかし，アベノミクスが徐々に景気を上向きにさせると，アルバイトや派遣社員が採用しにくい人手不足の状況となり，正社員としての採用を増やす企業も出てきた。このからくりについて考えてみよう。
　おにぎりを作るときのお米は変動費か固定費か？おにぎりを作る量に比例して，炊かなければいけないお米の量は増えていくからもちろん変動費である。おにぎりを販売する店舗の間借り費用はどうか？これは固定費である。おにぎ

99

りが売れようが，売れ行きがさっぱりだろうが，家主に支払うコストは一定だからである。では人件費はどうか？「場合による」が正しい答えである。

おにぎりの販売員を正社員として雇った場合，おにぎりの売れ行きにかかわらず月給を払わなければならない。このため，固定費と考えるのが妥当である。確かに残業代であるとか，会社が儲かったのでボーナスを出すとかいう部分は変動費に近いが，そういったものを除けば固定である。

一方で，アルバイトを雇った場合は変動費と考えることができる。忙しさに応じて，時間数や雇う人数を柔軟に増減させることができるからである。

ここで，全員をバイトで賄う場合と，正社員で賄う場合について比較してみよう。おにぎりの価格を1個100円，家賃は光熱費込みで10万円とする。おにぎり1個を作るのに使うお米のコストを30円とする。アルバイトはおにぎりの売れ行きに応じて採用することができ，おにぎり1個が売れることに伴うバイト代は1個当たり50円とする。一方で，アルバイトを雇わず正社員1人で切り盛りする場合の正社員の月給は20万円とする。

おにぎりの月間売上個数を x 個とすると，それぞれのケースの利潤は以下のとおりである。

アルバイト対応のお店の利潤 π_v

＝売上個数×おにぎり単価−売上個数×1個当たり変動費−固定費：

$$\pi_v = 100x - (30+50)x - 100{,}000 = 20x - 100{,}000$$

正社員対応のお店の利潤 π_F

＝売上個数×おにぎり単価−売上個数×1個当たり変動費−固定費：

$$\pi_v = 100x - 30x - 300{,}000 = 70x - 300{,}000$$

アルバイト対応のほうがお店の利潤が良い状況は，$20x - 100{,}000 > 70x - 300{,}000$ であるので，$x < 4{,}000$ である必要がある。デフレで売り上げが伸び悩めば，正社員より派遣社員やアルバイトで賄ったほうがいいわけである。しかし，毎月おにぎりが4,000個以上売れる状況となれば，正社員を採用したほうが利潤が増えるし，人繰りに安定感がでる。

会社の経営というのは難しい．しかし，あまりに短期的な視点で経営すると，

いざ景気が上向いた時に頼みとなる人材がいないことに気付く。人は財産であることを認識しなければならない。

第7章　不完全市場

1　不完全市場とは

1）種　　類

　これまでは，売り手も買い手も多数存在して，自由に売買できる環境を前提としていた。市場参加者の誰もが，価格や全体の供給量を決める立場にいない自由競争の市場を「完全市場」という。これに対して，こうした条件が満たされていない市場を「不完全市場」という。不完全市場をもたらす要素には以下の種類がある。

①　独占・寡占：

　無数の売り手や買い手の間で決まるのに対して，生産品の供給を1社が独占，あるいはわずか数社で全体の供給を支配している状況を，それぞれ独占，寡占と呼ぶ。完全競争の状況にあれば，価格をコントロールできる参加者がいないため，価格は市場のメカニズムによって自動的に決まる。一方で，独占や寡占によって市場が支配された場合は，それら一部の生産者・供給者によって価格や生産量が決められてしまう。こうした価格支配力を有した供給者をプライスメーカーという。

②　不完全情報：

　取引を行う際に，情報が公開されていないため，一方の取引者に情報が偏在している状況を「情報の非対称性」という。たとえば，財やサービスについて，買い手が十分な情報を得られない状況である。たとえば，中古車の販売業者が事故歴のある車を事故の履歴を隠して販売するような事例がある。最近では高級ブランド牛肉と偽って廉価な牛肉を販売したような事案があった。このよう

な情報が不完全な状況下では適正な価格形成が行われない。情報の非対称性がもたらす弊害については以下のレモン市場と逆選択で説明したい。

2） レモン市場と逆選択

　ノーベル経済学賞受賞者で，アメリカの中央銀行である連邦準備理事会（FRB）議長ジャネット・イエレンを妻に持つジョージ・アカロフ教授が提唱した論点である。アメリカでは質の悪い中古車，たとえば事故車などは「レモン」と呼ばれている。これをもとに，アカロフ教授は「レモン市場（The Market for Lemons）」と題した論文を書いた。ちなみに，筆者が1990年前後にアメリカに滞在していた時，中古車業者（U－Car Dealer）は信用できない取引相手の代名詞のような言われ方をしていたのを記憶している。

　中古車業者が，見た目が全く変わらない同車種，同年式の２台のキャデラックを仕入れたとする。ただし，１台は事故車でポンコツである。もう１台は質の高い中古車である。当然仕入れの値段は，格段に前者の方が安い。しかも，顧客が１回や２回試乗しただけでは分からないとする。中古車業者はどちらを優先的に販売するだろう？見た目では違いが分からないので，優良な車の価格で事故車を販売したほうが，利益が大きい。そのため，短期的な利益を追求したいということであれば事故車を高い値段で薦めるだろう。もちろん，長期的な信頼関係を築きたいということであれば，優良車を薦めるか，事故車をきちんと情報開示した上で安い価格で売るだろうが。

　事故車かどうかの情報が，中古車業者の手にあって顧客の手にはないという状況が，まさに情報の非対称性を表している。こうした状況下では，レモンといわれる（見た目はしっかりしている）ポンコツ車しか販売されなくなってしまう。加えて，ポンコツばかりが売りに出されてくると，消費者も質の良い車にさえ「悪い」という前提で見てしまうため，なおさら質の悪い中古車しか出回らなくなる。こういった状況を「逆選択」あるいは「逆選抜」と，英語のAdverse Selectionの日本語訳を使って呼んでいる。「選ぶ」という動作は，通常良いものを選びぬくことを示すが，この場合では質の悪いものしか残らない

ため，こうした言い方になった。

2 独　　占

1) なぜ独占はいけないのか

　日本は独占禁止法，アメリカでは反トラスト法といった形で，主要国の多くは独占を法令で禁止している。では，なぜ独占がいけないのか？この質問の答えを考えていこう。

　完全市場では，生産者にとって価格は与えられるもので自らが決められるものではない。しかし，供給を一手に独占している生産者は，価格を自分で決められる立場にある。

　このため，価格pを決めてしまうと，生産量はその価格に応じた需要量（買い手がその価格で何個買いたいか）が自動的に決まる。したがって，最適な市場全体の生産量xを実質的に自分で決められてしまうのである。

　独占者の利潤を定式化すると売上Rと費用Cにより以下の通りとなる。

　　$\pi(p) = R(x) - C(x)$

　利益極大化の（1階の）条件は，微分係数がゼロとなることであるため，$R'(x) = C'(x)$となる。$C'(x)$は前章の説明で出てきた限界費用（MC）である。ここで初めて登場するのが$R'(x)$で「限界収入（MR = Marginal Revenue）」は，生産や販売が1単位増えるごとに増加する売上である。完全市場では，$R(x) = px$だったので，$MR = R'(x) = p$であったことを思い出そう。復習になるが，完全市場における生産者にとっての最適な生産は$p = MC$，つまり価格と限界費用が一致する点であった。

　しかし，独占市場では生産量を自ら決めることによって実質的に価格をコントロールできるため，売上（収入）は$R(x) = p(x) \cdot x$となる。完全市場では生産者にとって価格pは所与のものであったが，独占者は自分で「望ましい価格」にするための最適な供給量全体を決定することができるので，$p(x)$は需要関数（厳密には逆関数だが，ここでは単純に需要曲線を表すと理解しておいてよい）を

表している。詳しく述べれば，独占者は自分が生産したい量を過不足なく需要してくれる価格を逆算していることになる。こうして独占市場の最適生産量は $MR = R'(x) = MC$ で決まる。ちなみに，この独占市場の最適生産のポイントを「クールノー点」という。

数学的な説明が続いて苦痛かもしれないが，もう一息だ。$R'(x)$ ($=MR$) を実際に計算してみよう。

$R(x) = p(x) \cdot x$ なので，これをxで微分した $R'(x)$ は，関数の積の微分の公式を使うと以下のようになる。

$MR = R'(x) = p'(x) \cdot x + p(x)$

需要関数は，価格が上昇すれば需要量は減るという関係があるので，需要曲線の傾きは常にマイナスである。このため，需要曲線の傾きを示す $p'(x)$ は必ずマイナスとなる。したがって，$p'(x) \cdot x < 0$ となるため，

$R'(x) = p'(x) \cdot x + p(x) < p(x)$，つまり $MR < p(x)$ となるはずである。

この点を押さえて，図での検証作業に入る。

以下の二つの図表は，完全市場の場合の価格，数量，利潤の決まり方と，独占市場の場合をそれぞれ表している。限界費用（MC）や平均費用（AC）を示す関数の形状は完全市場も独占市場も変わらない。これに価格の関数 $p(x)$（需要関数から出てくるもの）と限界収入の関数 $MR = p'(x) \cdot x + p(x)$ を加えてみる。価格関数はそれぞれの供給量に見合う需要を発生させる価格を示すものなので，完全市場も独占市場も変わらない。

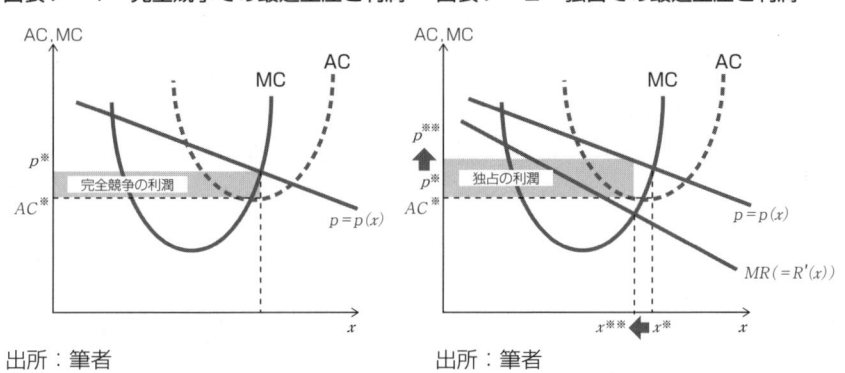

図表7−1 完全競争での最適生産と利潤　　図表7−2 独占での最適生産と利潤

出所：筆者

ここでのポイントは，価格関数$p(x)$は常に限界収入関数MRを上回っている点である。

完全市場では限界費用と価格が一致する$MC = p(x)$のポイントで生産量x^*が決まる。その時の価格は$p^* = p(x^*)$である。

一方で，独占市場では限界収入と価格が一致する$MR = p(x)$のポイントで生産量x^{**}が決まる。生産量x^{**}と需要が一致する価格は$p^{**} = p(x^{**})$となる。

完全市場の生産量x^*は図からも分かるとおり，必ず独占市場の生産量x^{**}より大きくなる（図表）。このため，価格は独占市場のほうが高くなる。独占者は，生産量を絞りながら価格を吊り上げるわけだから，消費者としては迷惑な話である。この点だけでも独占の弊害は明らかで，政府が規制を行う背景は理解できるだろう。

2) 余剰分析からの検証

独占の弊害について，既に学んだ余剰分析から考えてみよう。以下の二つの図表は完全市場と独占市場の総余剰の比較を行ったものである。完全市場では，消費者，生産者ともに公平に余剰を得ており，デッドウエイロス（DWL）も発生していない。これに対して独占市場はどうか？

独占市場では，完全市場に比べて価格が高め，供給量が少なめに設定されるため，供給曲線は図表のように左上にシフトさせた形となる。これによって決定される均衡点は（x^{**}, p^{**}）であり，完全市場の均衡点（x^*, p^*）より左上に来る。

ここで忘れてはいけないのは，独占者の本来の供給曲線を形作る費用関数は，完全市場の生産者と変わらないので，独占者の余剰は斜線のように大きく膨らむ。一方で，消費者余剰は縮小していることがわかる。

更に，DWLも発生してしまっていることがわかる。つまり，完全市場の生産者余剰と消費者余剰の合計は，独占市場のそれより大きく，また生産者余剰は独占市場のほうが大きいのである。

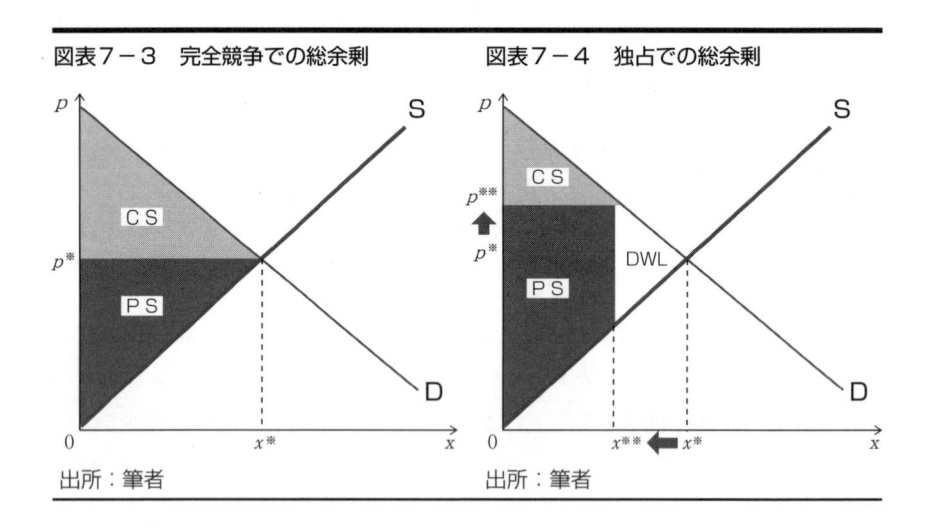

図表7−3　完全競争での総余剰　　図表7−4　独占での総余剰

出所：筆者

3）独占・寡占の度合い

市場の独占あるいは寡占の度合いを示す尺度に，「ラーナーの独占度」という指標がある。これは実際の価格と限界費用の乖離を調べるもので，ラーナーの独占度 L は以下の算式で示される。

$$L = \frac{p^* - MC}{p^*}$$

完全競争であれば価格 $p^* = MC$ となるため，L はゼロになる。しかし，独占の状況では価格はより高い水準で決定される。このような関係をこの尺度は示している。

ところで，日本においては比較的少数の企業で大きなシェアが占められている市場がいくつか存在する。以下，いくつかの業界の状況を紹介しよう。

① 自動車業界（2014年12月末の登録車数）出所：日本自動車販売協会連合会
- トヨタ自動車40.4%，本田技研工業12.2%，日産自動車10.5%，マツダ5.7%，富士重工業4.6%
（トップ5のシェア合計＝73.4%）

② ビール業界（2014年出荷数量，発泡酒等を含む）出所：各社
- アサヒビール38.2%，キリンビール33.2%，サントリー15.4%，サッポロビール12.3%
（トップ5のシェア合計＝99.1%）

第8章　IS−LM分析

1　財市場の均衡

1)　IS−LM分析とは

マクロ経済全体の均衡や，財政政策あるいは金融政策の効果を説明するのに便利なのが本章で説明する「IS-LM分析」である。国民所得と金利（利子率）を用いて，財市場と貨幣市場の同時均衡（と言われてもピンとこないと思われるが）を説明するモデルである。

簡単に言えば，経済全体として投資と貯蓄が一致するような所得と金利の組み合わせを表すIS曲線（Iは投資，Sは貯蓄）と，貨幣市場において貨幣の需要と供給が一致するような組み合わせを表すLM曲線（Lは貨幣需要，Mは貨幣供給）とが両立できる条件を経済全体の均衡点（すべての釣り合いが取れる所得と金利の組み合わせ）としている。

2)　消費関数と貯蓄関数の基本

まずは，消費関数から話を始めよう。消費（C）や貯蓄（S）は所得（Y）の水準に影響される。このため，消費や貯蓄は所得の関数として表される。

$C = C(Y)$，$S = S(Y)$，なお政府収支や貿易収支がない場合は$S = Y − C(Y)$と書ける。

なお，所得が増えても生活の先行きに不安があったり，逆に収入増への期待があるなど環境などで消費や貯蓄に対する姿勢に差が出てくる。所得が1単位増えた場合の消費の増え方を「限界消費性向」，同様に貯蓄の増え方を「限界貯蓄性向」と呼ぶ。前章までに繰り返し出てきたのでお分かりかと思うが，「限界」と名のつく場合は微分すればよい。所得Yで微分したものが，限界消費性向および限界貯蓄性向である。

限界消費性向 $= \dfrac{dC}{dY} = C'(Y)$，限界貯蓄性向 $= \dfrac{dS}{dY} = S'(Y) = 1 - C'(Y)$

　将来の景気に明るさを強く持ったり，物価上昇を予想しているような場合は，限界消費性向が上昇する。逆に，老後の収入に不安を持つ場合などは限界貯蓄性向が上昇する。

3）「貯蓄と投資の均衡」の簡単なモデル化による乗数効果の説明

　$C = C(Y)$ などという形だと理解しにくいと思われるので，簡単な一次関数を使って考えよう。

$$C(Y) = a + cY, \quad S(Y) = Y - C(Y) = -a + (1-c)Y$$

　このなかで a と c は定数項（固定された数字）で変数は Y だけである。この消費関数 $C(Y)$ の意味を考えよう。仮に所得がなくても，食べなければ死んでしまう。このため $a > 0$ であり，c は Y が1単位増えたときの増え方を表す数字（つまりこの関数の傾き，微分係数）を示す。また所得以上の消費を行わないという前提を加えると，$0 < c < 1$ である。

　政府支出（補助金や税金）や貿易収支がない前提で考えると，$Y = C + S = C + I$ であるため，貯蓄（S）と投資（I）は等しくなる。この関係に先ほどの一次関数を入れて考えると以下のようになる。

$$S(Y) = -a + (1-c)Y = I, \text{ これを変形すると，} (1-c)Y = I + a$$

したがって，貯蓄と投資の均衡点は $Y^* = \dfrac{I+a}{1-c}$ となる。

　この均衡点から投資が増加（ΔI）した時の変化を考えてみたい。上記の均衡点の I に $I + \Delta I$ を入れればいいので，新しい均衡点は $Y^{**} = \dfrac{I + \Delta I + a}{1-c}$ となる。Y^* から Y^{**} への変化幅を計算しよう。

$Y^{**} - Y^* = \dfrac{I + \Delta I + a}{1-c} - \dfrac{I+a}{1-c} = \dfrac{\Delta I}{1-c} = \dfrac{1}{1-c}\Delta I$ となり，追加投資 ΔI を行う所得への影響は投資規模の $\dfrac{1}{1-c}$ 倍になる。ここで，$0 < c < 1$ であるため，$\dfrac{1}{1-c}$ は1より大きくなる。つまり，投資額より大きな所得増加を呼ぶのである。この倍率を「乗数」と言い，投資がより大きな所得を生み出すことを「乗

数効果」という。

たとえば，限界消費性向が0.5すなわち $c=0.5$ の場合，乗数は2倍となり，投資の乗数効果は投資額の2倍の所得をもたらすということになる。このため，限界消費性向が高ければ高いほど，乗数効果は大きくなる。

4） 政府の関与と乗数効果

上記のモデルに政府の関与，つまり政府の収入（税金 T）と政府の支出（公共投資 G）を含めて考えよう。まず，税金である。最も単純な課税は一括課税である。つまり所得水準 Y にかかわらず，税金 T を徴収する場合である。

$C(Y)=a+c(Y-T)$ となるので，$S(Y)=-a+(1-c)(Y-T)$
これを $C+S=C+I+G$ に代入する。
$S(Y)=-a+(1-c)(Y-T)=I+G$ を変形すると，
均衡点となる所得は以下の通りとなる。

$$Y^* = \frac{1}{1-c}(a-cT+I+G)$$

① 税金を引き上げる（ΔT）：

新しい均衡点は $Y^{**}=\dfrac{1}{1-c}\{(a-c(T+\Delta T)+I+G)\}$ となるので，所得の変化は以下の通りとなる。

$$Y^{**}-Y^* = \frac{1}{1-c}\{(a-c(T+\Delta T)+I+G)\} - \frac{1}{1-c}(a-cT+I+G)$$

$$= -\frac{1}{1-c}\Delta T$$

限界消費性向が高いほど，分母は小さくなり分子は大きくなるため，所得のマイナス効果が大きくなるのが分かる。

② 財政支出を行う（ΔG）：

新しい均衡点は $Y^{**}=\dfrac{1}{1-c}(a-cT+I+G+\Delta G)$ となるので，所得の変化は以下の通りとなる。

$$Y^{**} - Y^* = \frac{1}{1-c}(a - cT + I + G + \Delta G) - \frac{1}{1-c}(a - cT + I + G)$$
$$= \frac{1}{1-c}\Delta G$$

このように政府が公共事業を行う場合の乗数は，投資の乗数と同じことが確認できる。

③ では，税金を増やしてそれを公共事業に費やした場合の影響はどうか？

これは $\Delta G = \Delta T$ ということとなる。新しい均衡点は，$Y^{**} = \frac{1}{1-c}\{(a - c(T+\Delta T) + I + G + \Delta G)\}$ となり，所得への影響は以下の通りである。

$$Y^{**} - Y^* = \frac{1}{1-c}\{(a - c(T+\Delta T) + I + G + \Delta G)\} - \frac{1}{1-c}(a - cT + I + G) = \frac{-c\Delta T + \Delta G}{1-c} = \frac{(1-c)\Delta G}{1-c} = \Delta G$$

5) 投資関数

次に投資のメカニズムについて考えよう。投資額（I）は金利水準（利子率 i）に影響される。なぜか？企業は資金を調達して，それを投資し利益を追求する。投資の利益率に比べ，この資金を調達するためのコストである利子率が低ければ，投資をより活発に行うだろう。反対に利子率が高ければ，投資に慎重になる。

したがって，I は i の関数となる。$I = I(i)$。

前節までで示した通り，貯蓄と投資をバランスさせなければならない。その条件は $S(Y) = I(i)$ である。これが「財市場の均衡」と呼ばれるものである。これは所得（Y）から導かれる貯蓄（S）と，利子率（i）から導かれる投資（I）を一致させるということである。図表8－1は投資関数を示している。利子率（i）と投資（I）の関係である。次に図表8－2は，$I(i) = S(Y)$ の関係を利用し，貯蓄（S）の代りに投資（I）と所得（Y）の関係をグラフにしたものである。この二つの関係をまとめたものが，図表8－3である。これは，I

第8章 IS−LM分析

$(i)=S(Y)$を成立させるような所得（Y）と利子率（i）の組み合わせを表したものである。

図表8−1　金利水準に応じた投資の関数

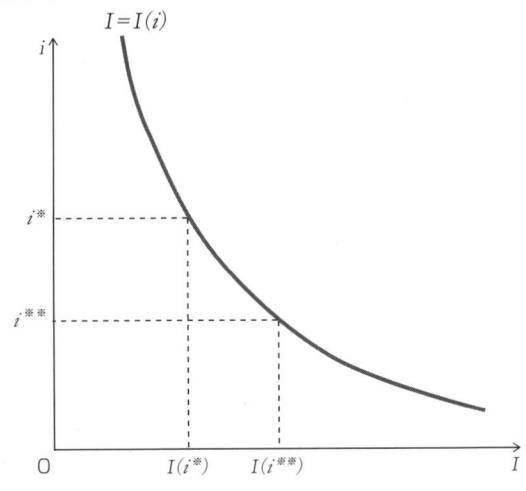

出所：筆者

図表8−2　投資と貯蓄が均衡するための所得の関数

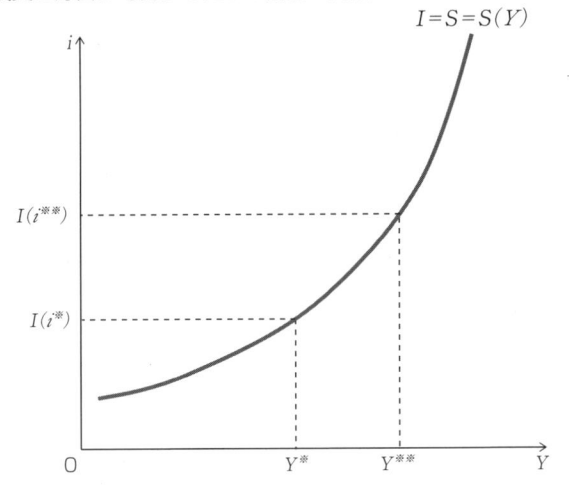

出所：筆者

図表8-3 貯蓄と投資を均衡させる金利水準と所得水準の組み合わせ（IS関数）

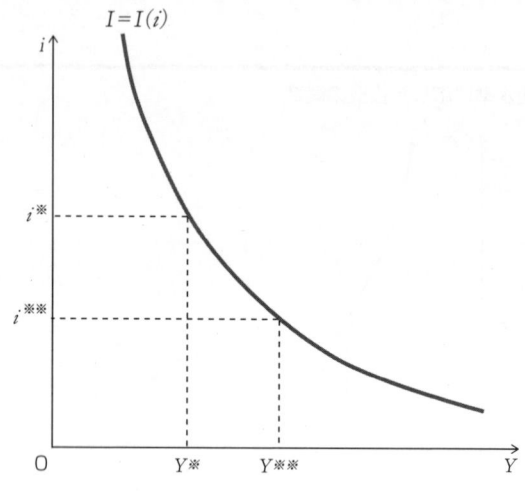

分かりにくいと思うので，以下の順番で考えると理解しやすい。
① 利子率(i)が投資(I)を決める（$I(i)$）。
② 上記①で得られた$I(i)$と，一致する$S(Y)$をもたらす所得(Y)を見つける。
③ 上記①のスタートとなる利子率(i)と②で得られた所得(Y)の組み合わせをプロットしていく。
④ これを繰り返し行った結果がIS曲線となる。

利子率（i）が上昇すると投資（I）は減少する。投資（I）の減少に応じてこれと一致するように所得（Y）が減少する。このため，IS曲線は減少関数（右肩下がり）となる。

IS曲線のシフトは，財政支出や増税のように，利子率が変わらない状態で所得が増減するようなときに起こる。たとえば，政府支出をΔGすると，IS曲線は$\frac{1}{1-c}\Delta G$だけ右にシフトする。

2　貨幣市場の均衡

1)　貨幣需要

貨幣とは

　貨幣は硬貨や紙幣などの種類があるほか，預金なども預金通貨と呼ばれることがある。貨幣は，硬貨を回して遊んだり手品の道具として使われることもあるが，食べたり，運転したり，道具として用いられるものではなく，支払手段や貯蓄手段などで用いられるものである。貨幣そのものが金と交換（兌換紙幣）できた時代もあり，その時は貨幣そのものの価値は分かりやすかったが，現在では交換できない（不換紙幣）。貨幣の価値は物などとの相対性の中でしか測れない。紙幣をいっぱい発行した結果，インフレが加速度的に進行したアルゼンチンなどでは，りんごが一個10ペソだったものがきょうは100ペソになったりする。

貨幣の目的

　貨幣の目的は以下の三点に大別できる。

① 　価値尺度機能：サンリオピューロランドの公式ホームページにおける情報開示によれば，キティさんの身長はりんご5個分，体重はりんご3個分とのことである。世の中のすべてのものがりんごで表現できれば簡単だが，そうもいかない。貨幣はモノの価値を測る上では便利な手段である。

② 　交換機能：りんごとスイカを交換するよりも，貨幣を媒介したほうが簡単である。なぜなら，それぞれの価値を貨幣単位として決められるため，1対3.3個の物々交換ではなく，りんご1個を300円，スイカを1個1,000円として貨幣を媒介させた方がやさしい。

③　価値の保蔵機能：りんご農家の人が自動車を買うのに、きょうでなく1週間後にしたいという場合、りんごを1週間後に自動車と物々交換するよりは貨幣に変えて、1週間後に購買に充てたほうが、りんごが腐らなくていい。

貨幣の需要動機

　貨幣（現金）を手元に持っておきたいという気持ちは、どういった要因で発生するのだろう？こうした要因を貨幣の需要動機という。貨幣を保有する動機としては、以下の通り取引動機、予備的動機、投機的動機がある。それぞれの要因について解説しよう。

①　取引動機：消費者が買い物を行う、あるいは企業が生産に必要な材料を購入するなど、経済活動を行うにあたって発生する取引のために現金が必要となる。貨幣の取引動機とは、こうした取引に用いるために確保しなければいけない理由を指し、取引に伴う貨幣需要を取引動機に基づく需要という。取引動機に基づく需要は、主に経済活動が活発になるときに増加し、停滞するときに減少する。このため、所得により説明される。

②　予備的動機：急病により入院費用が必要になることもあれば、旅行に行って思わぬ出費をしてしまうこともある。取引動機はある程度、将来的な経済活動を踏まえたニーズであるが、こうした将来の不測の事態のために資金を確保しておく需要を予備的動機という。予備的動機に基づく貨幣需要も、経済活動が活発になるにしたがって増加する傾向にある。このため、取引動機のときと同様に予備的動機に基づく貨幣需要も、所得の水準に影響を受けるものと考えられる。

③　投機的動機：銀行預金は預けておけば利息が付くが、貨幣は手元に置いていても利息を生まない。しかし、現金のまま保有することも、ひとつの

投資の選択肢と考えることもできる。たとえば，国債などの債券に投資しようと考えているとする。しかし金利が低いため，もう少し債券の金利が良くなってからお金を投資しようという気持ちになることがあるかもしれない。この場合は，貨幣あるいは現金のまま保有するということになり，資産運用の一つの選択肢として貨幣需要が発生することになる。これが投機的動機に基づく貨幣需要である。投機的動機による貨幣需要は，金利が上昇するほど少なくなり，低下するほど増えると考えられる。

貨幣需要の定式化

こうした三つの異なる動機に基づく貨幣需要について，式で表してみよう。取引動機と予備的動機に基づく貨幣需要をL_1とし，投機的動機に基づく貨幣需要をL_2とする。既に解説した通り，前者は所得水準に影響され，後者は金利水準に影響される。これをそれぞれ所得（Y）と金利（i）の関数として表すことができるので，

$L_1 = L_1(Y)$，$L_2 = L_2(i)$となる。したがって，貨幣需要の総額は以下のような式にまとめられる。

$$L = L(i, Y) = L_1(Y) + L_2(i)$$

なお，各関数の特徴は，L_1は所得（Y）が増加するほど増加し，L_2は金利（i）が上昇するほど減少するため，それぞれの関数の傾きである微分係数は以下の関係となる。

$$\frac{\partial L}{\partial Y} > 0, \quad \frac{\partial L}{\partial i} < 0$$

また，上記の貨幣需要は物価の水準を無視しているので，「実質」貨幣需要であることに注意しよう。したがって物価水準をPとして時の名目貨幣需要は$P \cdot L$または$P \cdot L(i, Y)$と表される。

2) 貨幣供給とLM曲線

貨幣市場の均衡

貨幣の供給は，中央銀行が金融政策に基づきコントロールされる。

貨幣供給量をM（名目）とすると，貨幣の需要と供給が一致する，すなわち均衡の条件は以下の式で表現できる。

$$\frac{M}{P} = L(i, Y) = L_1(Y) + L_2(i)$$

まず，貨幣の需要曲線を描いてみる（図表8−4）。所得水準を一定として，縦軸に金利，横軸に貨幣需要を取ってみると，減少関数（反比例の関係）になることがわかる。また，与えられた所得の水準をY'からY''へ増やしてみると，右上方へ平行移動するはずである。これは同一の金利水準においては，所得が大きいほうが貨幣需要は増えるはずだからである。

図表8−4　所与の所得水準と釣り合う金利水準と貨幣需要の組み合わせ

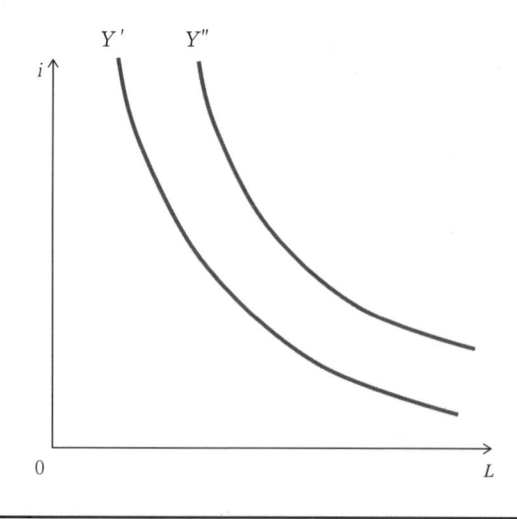

出所：筆者

第8章 IS－LM分析

これに図表8－5のように中央銀行が決めた（実質）貨幣供給のグラフを加えてみる。（実質）貨幣供給 $\frac{M}{P}$ は金利水準にかかわらず一定なので，垂直な直線になる。この貨幣供給の直線と貨幣需要の曲線の交点が貨幣市場の均衡点となる。

図表8－5　所与の所得水準と釣り合う金利水準と貨幣需要の組み合わせと貨幣供給

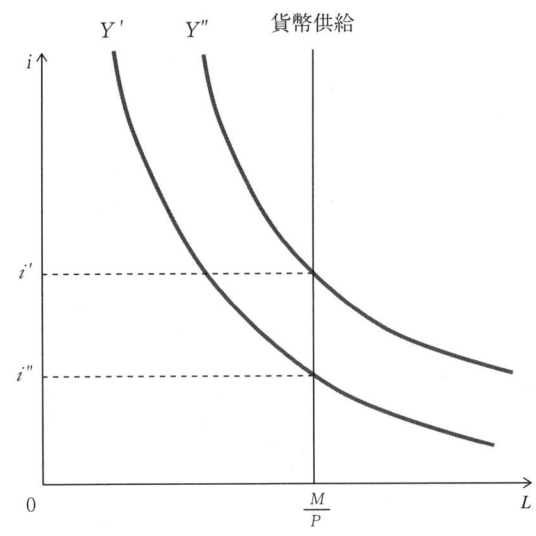

出所：筆者

LM曲線（貨幣市場の均衡）を導く。

この図表上で，徐々に所得（Y）を増やしていくと，均衡点は徐々に上に動いていくことが分かる。

つまり，貨幣市場の需要と供給の釣り合いがとれている状況を前提とすると，（実質）貨幣供給 $\frac{M}{P}$ を一定とした場合の金利（i）と所得（Y）の組み合わせをプロットしていくと，この関係が増加関数（図表8－6）となることがわかる。

図表8-6　LM曲線

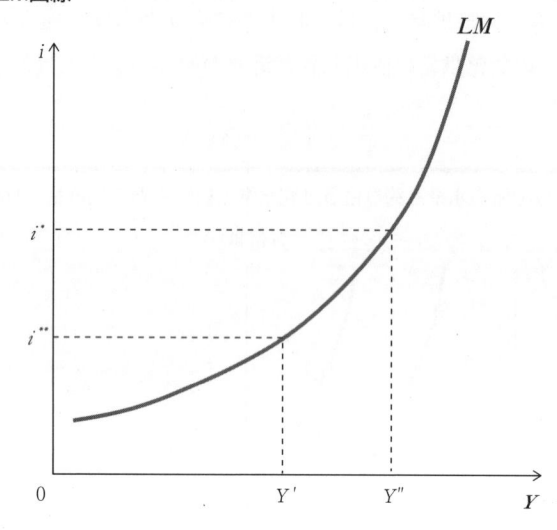

物価と貨幣供給量の変化の影響

　貨幣供給量が増えると，iとLの図表上の貨幣供給$\frac{M}{P}$を表す関数が右にシフトする。そうなると，均衡点も右に動くことになる。つまり，均衡点の金利水準（i）が低下する。これをLM曲線で示すiとYとの関係に投影すると，LM曲線は右にシフトすることが確認できるだろう（図表8-7）。

　物価水準が上昇すると，貨幣供給$\frac{M}{P}$が減少するため，iとLの図表上の貨幣供給量を表す関数が左にシフトする。そうなると，均衡点は左に動くことになる。つまり，均衡点の金利水準（i）が上昇する。これをLM曲線で示すiとYとの関係に投影すると，LM曲線は左にシフトすることが確認できるだろう。

図表8-7　貨幣供給の増加とLM曲線のシフト

出所：筆者

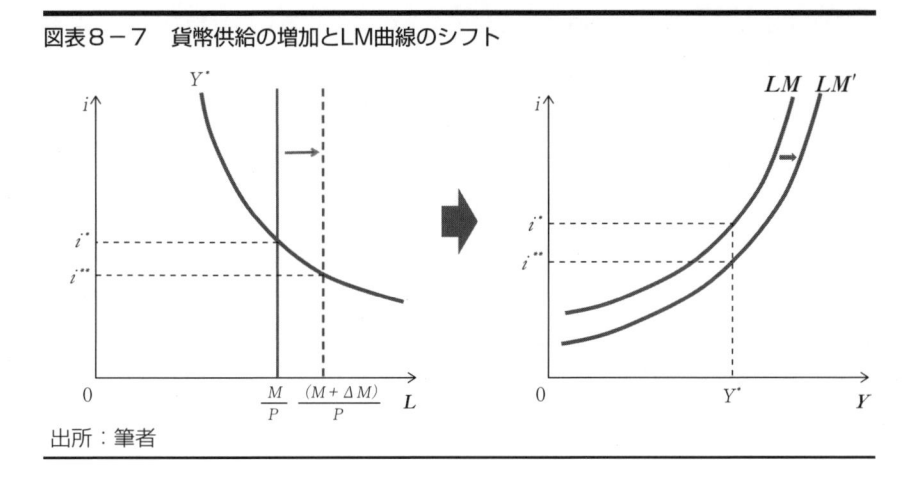

3）　補足：貨幣数量説とアベノミクス

　貨幣の供給については，しっかりした定義を行わなかったが，預金を含めた貨幣供給量の定義は第12章で詳しく説明する。預金は預金通貨と言われることもあり，貨幣供給量（マネーストックと一般的には言われる）の広い概念には預金も含まれる。この貨幣供給量は，アベノミクスと呼ばれる自民党第二次安倍政権における経済政策の目的となるデフレ脱却のカギとされた。デフレ脱却とは，物価上昇率がマイナスとなる状況からの脱却を示すものであるが，貨幣供給量を大胆に増やすことにより，実質金利を引き下げて企業の投資意欲を刺激するとともに，物価水準の底上げを狙ったものである。アベノミクスの金融政策では，日本銀行が大量の国債を買い上げることにより，貨幣を世の中に大量に送り出している。貨幣の供給量が物価に働きかける仕組みについて，古典的な理論で簡単に説明しよう。

貨幣数量説

　貨幣数量説とは，貨幣数量（供給量）と物価水準は比例するという新古典学派の理論である。貨幣供給量が増えると，貨幣の価値は低下する。貨幣の価値

が低下するということは，同じ物を購入するのにより多くの貨幣を支払う必要が出てくる。つまりこれは物価上昇である。この貨幣数量説について，フィッシャーの交換方程式とケンブリッジ方程式を用いて説明する。

アービング・フィッシャーの交換方程式

貨幣供給量(M)と貨幣の流通速度(V)の積は，平均取引価格(P)と取引量(T)の積に等しくなるはずである。つまり，$MV=PT$となる。が，Pを物価水準，Tを産出量（あるいは所得）に置き換えると，$MV=PY$となる。

ここで，流通速度Vを一定として，所得水準も市場の一般均衡から与えられる所与とすると，$M\bar{V}=P\bar{Y}$となる。したがって，貨幣数量説が唱える物価は貨幣数量に比例するというものである。

ケンブリッジ方程式

アーサー・ピグーは，アルフレッド・マーシャルの学説を定式化し，ケンブリッジ方程式を提唱した。彼らはイギリスのケンブリッジ大学の学者であったため，ケンブリッジ学派と呼ばれたのが，この方程式の名前の由来である。貨幣保有量は，名目所得であるPYに比例するという考え方に基づく。人々は稼ぎ（名目所得）の一部を手元に現金として確保するというものであり，手元に置いておく比率をkとした。このkをマーシャルのKと呼び，貨幣への選好度合いを表し，その逆数は貨幣の所得流通速度を示す。$M=kPY$。

3　IS－LM分析

1）財市場と貨幣市場の均衡

財市場の均衡の軌跡を表す「IS曲線」と，貨幣市場の均衡の軌跡を表す「LM曲線」が導き出された。これらにより，「貯蓄と投資」が一致する所得水準(Y)と金利水準(i)の組み合わせであるIS曲線と，「貨幣需要と貨幣供給」が一致する(Y)と金利水準(i)の組み合わせであるLM曲線が同時に成り立つ条

件が決まる。これがIS曲線とLM曲線の交点である（図表8－8）。

IS－LM分析という手法は，古くから経済学の教科書に必ず紹介されていた理論体系である。この分析手法は，経済政策の考え方のベースにもなっていた。

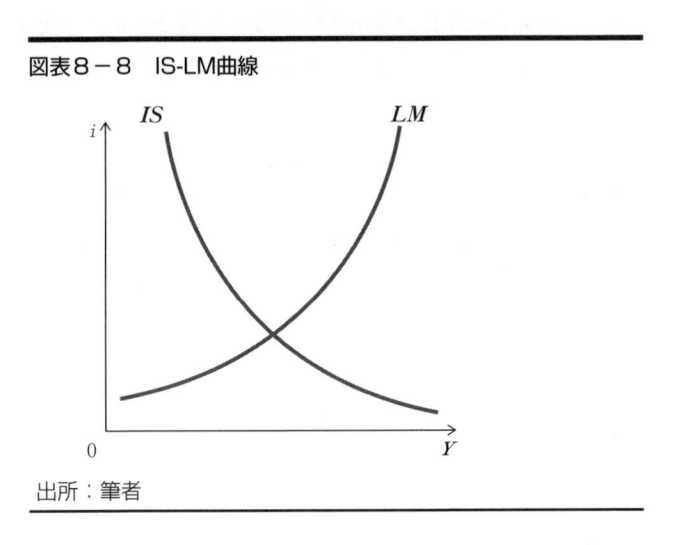

図表8－8　IS-LM曲線

出所：筆者

2）アベノミクスをIS－LM分析から考える

では，それぞれの曲線の動きに応じた均衡点（所得と金利の組み合わせ）について考えてみよう。

IS曲線のシフトは，政府支出の増加や増税などにより引き起こされる。政府支出の増加ΔGは，その乗数倍された分（$\frac{1}{1-c}\Delta G$），IS曲線を右シフトさせることは前節で説明した。

そうなると，図表8－9のとおり，IS曲線とLM曲線の均衡点は，所得を増やし金利が上昇した組み合わせへと動くこととなる。アベノミクスの三本の矢のうち二本目の矢が財政政策であり，財政支出拡大というIS曲線の右シフトを促す方策であることが理解できる。

LM曲線のシフトは，貨幣供給量の増加により促されることも説明した。貨幣供給量を増やせば，LM曲線は右シフトすることとなる。アベノミクスの第

一の矢である金融政策は，日本銀行による貨幣供給の大幅な拡大を伴うものである。LM曲線の右シフトは，図表8－10のとおり，均衡点を金利低下と所得増加の方向へと導く。

アベノミクスの政策効果をIS曲線とLM曲線の合成で示せば，図表8－11のとおり，金利水準を維持しながら所得水準を引き上げる効果を意図していることが理解である。

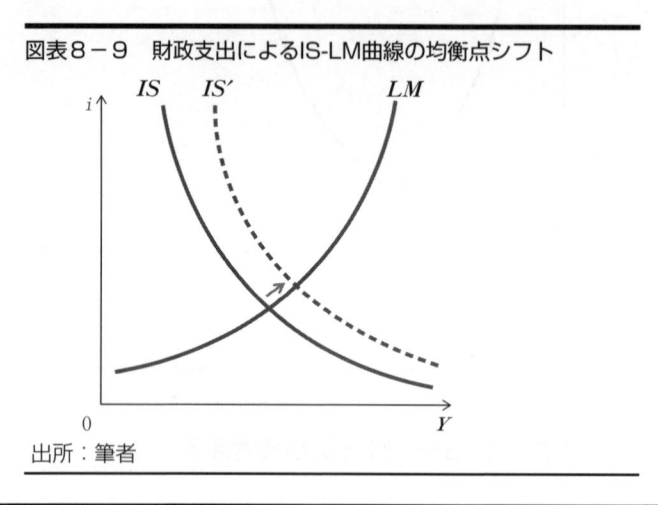

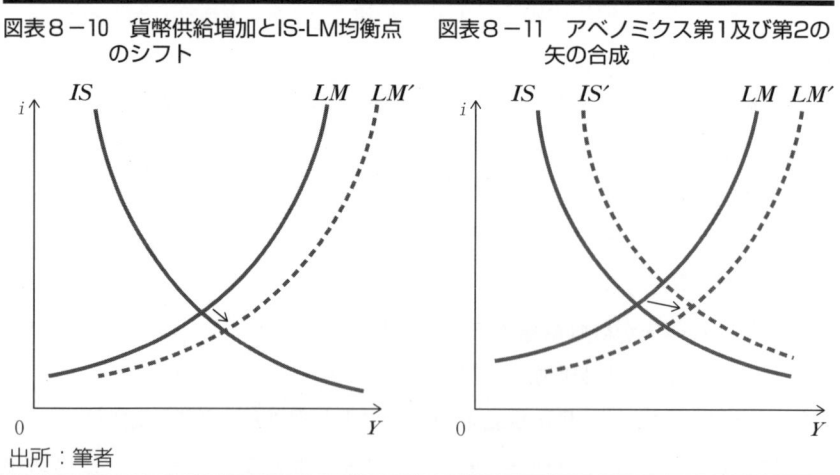

図表8－9　財政支出によるIS-LM曲線の均衡点シフト

出所：筆者

図表8－10　貨幣供給増加とIS-LM均衡点のシフト

図表8－11　アベノミクス第1及び第2の矢の合成

出所：筆者

3) 流動性の罠

　貨幣需要のうち3番目の項目である投機的動機に基づく貨幣需要は，金利水準によって増減する。金利水準を下げれば債券を買うより現金で保有する需要が増えるため，貨幣需要が増加する。しかし，金利がここ20年間一貫してそうであったように，相当程度低い水準にある場合，金利水準の変化が貨幣需要に影響しない状況となる。つまり，貨幣で持っても債券でも持っても大して変わらないために，常に貨幣需要が無限大となってしまうこととなる。

　貨幣需要の曲線は，ある一定水準の金利水準，たとえば1％以下になると，図表8－12のように横軸と平行になってしまう。このため，貨幣供給を増加させて金利を低下させるような金融政策（貨幣供給を示す直線を右シフトさせる政策）を行おうとしても，金利が下がらなくなる。つまり金融政策が利かなくなるわけである。なお，以上の議論で用いられた金利は物価水準を考慮しない名目金利である。したがって，LM曲線も一定水準以下の金利からは下がらなくなり，図表8－13のように水平になってしまう。

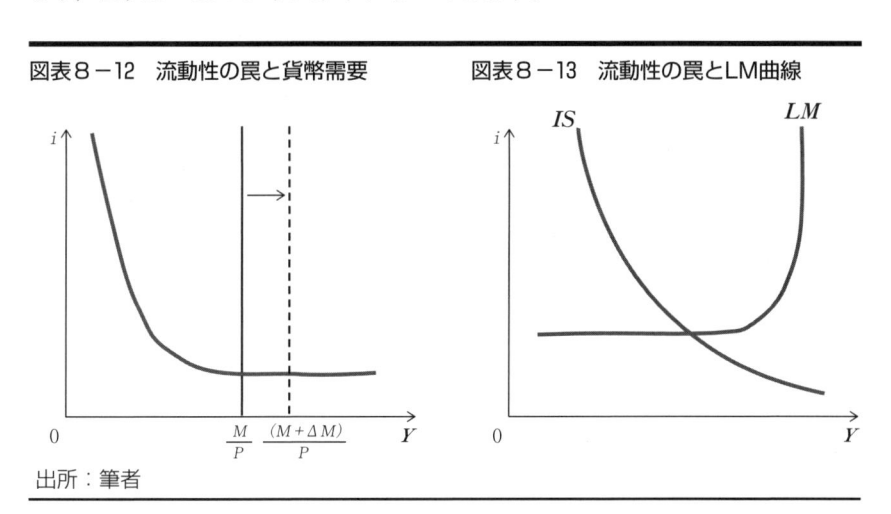

図表8－12　流動性の罠と貨幣需要

図表8－13　流動性の罠とLM曲線

出所：筆者

また，デフレ経済の進行により物価が下がれば市場はもっとデフレになるという期待ができ，貨幣の保有へのニーズを高める。これをマンデル—トービン効果という。デフレ期待はお金の需要を高めLM曲線は左にシフトする。これにより，所得を減少させる圧力が働くのである。

第9章　労働市場と有効需要

1　労働市場

1）労働市場の均衡

前章で財市場と貨幣市場の均衡を説明したが，本章では労働市場の均衡を説明し，これらすべての市場の釣り合いがとれた状況，すなわち一般均衡について解説しよう。

財やサービスと同様に，労働力への需要や供給も需要曲線と供給曲線により表現できる。この場合の価格は賃金である。ただし，この場合の賃金は物価水準との兼ね合いで考える必要がある。なぜなら，物価水準が高くなれば，労働者の購買力も低下してしまうため，同等の労働力の供給にはより高い賃金を求めるはずだからである。このため，賃金は物価水準で割った「実質賃金」が用いられる。

図表9－1が実質賃金$\frac{w}{p}$と労働力Nとの関係を表したものである。需要曲線は$N^D = N^D\left(\frac{w}{p}\right)$，供給曲線は$N^S = N^S\left(\frac{w}{p}\right)$という形で，それぞれ実質賃金の関数となっている。

図表9－1　労働市場の需要と供給

$\frac{w}{p}$, D, S, 超過供給（非自発的失業）, ←完全雇用, 超過需要（求人倍率1倍超過）, 0, N

出所：筆者

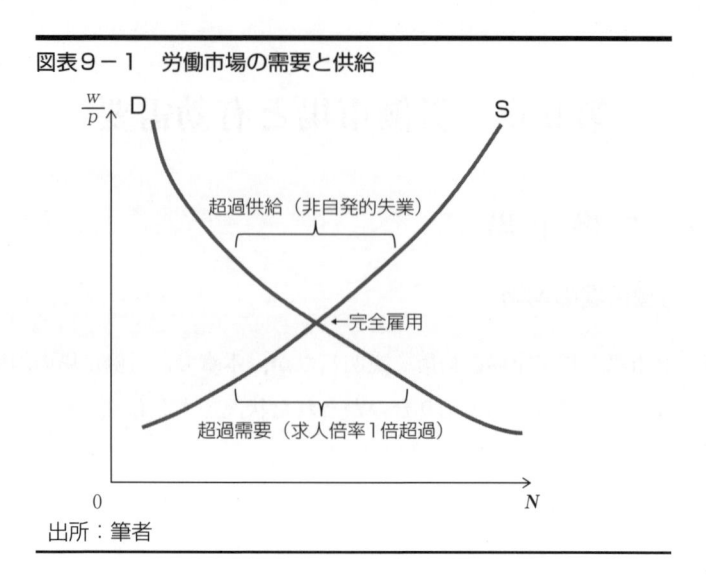

　需要曲線と供給曲線の交点が労働市場の均衡点である。もしも実質賃金が均衡点より高ければ，労働力の供給が需要を超過することとなる。これが，非自発的失業の発生している状況である。
　逆に実質賃金が均衡点より低ければ，労働力が十分に供給されないため，求人倍率（求人数÷求職者数）が1を上回る状況となる。
　ケインズはこのような需要と供給の関係に疑問を投げかけた。それは賃金の「下方硬直性」といわれるものである。雇用者からの労働力需要が減少し，賃金を下げたいと考えても，最低の生活水準を守るためにも労働者はある水準以下の切り下げは同意しない，あるいは一定水準以下では誰も働かないという状況である。
　なお，日本では法律で最低賃金が設定されているため，こうした下方硬直性に関しては法的にも合致している。これを図示すると図表9－2になる。

図表9-2　賃金の下方硬直性と労働市場の需要と供給

出所：筆者

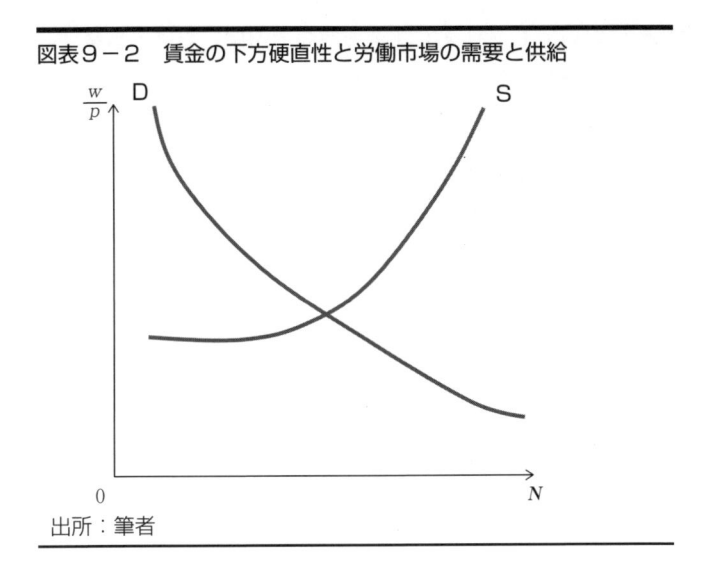

2) 失　　業

失業するとは就いていた職を失うことであり，失業しているとは働く意思があるのに仕事に就けないことを言う状態を指す。なお，日本の厚生労働省の定義による完全失業者とは，①働く能力と意思があり，②求職活動を行っており，③就業機会が与えられていない者をいう。また完全失業率とは，完全失業者数を15歳以上の労働力人口（主婦や就学者などは除かれる）で割ったものである。厳密には以下のような区分となる。

　◇15歳以上人口＝労働力人口＋非労働力人口
　　労働力人口＝就業者数（月末１週間に少しでも仕事をした人）
　　　　　　　＋完全失業者数

ここで統計上の問題点がある。ハローワークなどに行く気力も失ったような失業者，つまり潜在失業者の実態をこの統計手法では把握していない点である。

また国際比較においても，日本では調査期間一週間における求職活動の有無と過去に求職して待機している人が含まれるのに対し，米国では過去4週間の求職活動のみで過去に求職して待機している人を含まない。

失業者の経済学上の定義は以下の3点である。

① 自発的失業者：自らの意思により失業している，あるいはより良い労働条件を求めて失業状態を続けている人。経済状態とは無関係に存在しているため，必ず一定割合（自然失業率）存在している。

② 非自発的失業：働く能力と意思があり，就業機会が与えられていない人で，完全失業者とされる。

③ 摩擦的失業：転職などの場合に，雇用者と求職者の情報が不完全であるため両者が相手を探すのに時間がかかることなどにより生じる失業者を指す。

なお，失業率は経済成長率に影響されるため，以下の関係があると指摘されている。これが「オークンの法則」である。

◇今年の失業率－昨年の失業率＝ａ＋ｂ×実質GDP変化率

図表9－3のように，日本で失業率が国際比較でも低くまた低位安定する一因として，「労働保蔵」という考え方がある。労働保蔵とは，景気の波により簡単に採用や解雇ができないため，不況になっても解雇しないことをいう。

よく日本で外資系企業が簡単に正社員を解雇するようなことを耳にするが，日本においては労働法などの法的要因により正社員の解雇が難しいという指摘がされている。また，研修コストなど採用に伴うコスト増もひとつの要因とされる。

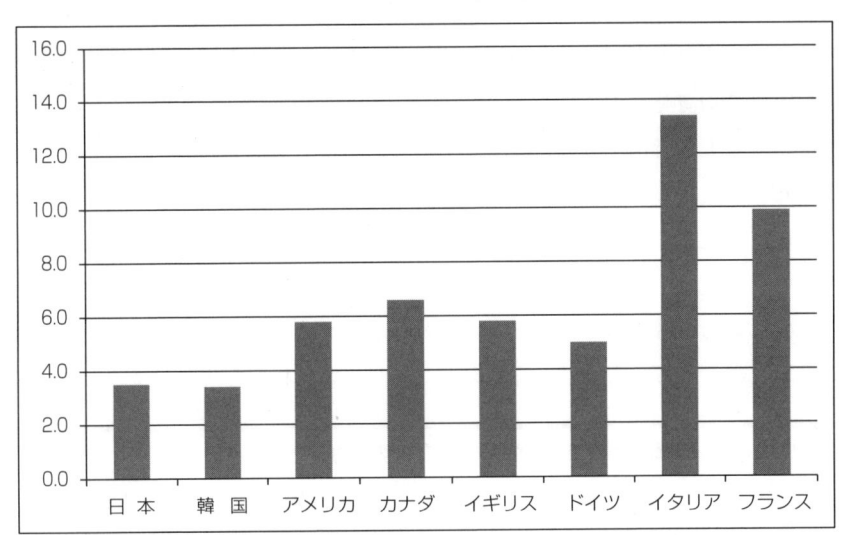

図表9-3 主要国の失業率比較（季節要因調整後，2014年末）

出所：厚生労働省データに基づき筆者

2 すべての市場の均衡

1) 財市場と貨幣市場の均衡

IS－LM分析で学んだとおり，IS曲線は貯蓄と投資が釣り合うような金利水準と所得水準の組み合わせの軌跡であり，LM曲線は貨幣市場の需要と供給が釣り合うような金利水準と所得水準の組み合わせである。その均衡点が，財市場と貨幣市場の同時均衡点となる。以下の式で表される。

$$財市場の均衡：I(i)=S(Y) あるいは Y=C(Y)+I(r)$$
$$貨幣市場の均衡：L(Y,i)=\frac{M}{P}$$

IS－LM分析では労働市場の均衡が反映されないため，労働市場の均衡を加えた分析を行う。

2）労働市場を含めての均衡

図表9-4のように，はじめに所得水準と金利水準を座標軸とする財市場と貨幣市場の均衡を右手に描く。

次に，左上に所得と労働力の関係を描く。所得と労働力の関係は直感的にも正の傾きになることが想定できる。

最後に，左下に実質賃金と労働力（雇用人口と考えてよい）を座標軸とする労働市場を描く。

では，最初の財市場と貨幣市場の均衡点がもたらす所得の水準でもたらされる雇用者数が，労働市場の不均衡をもたらしている状況を想定しよう。この図

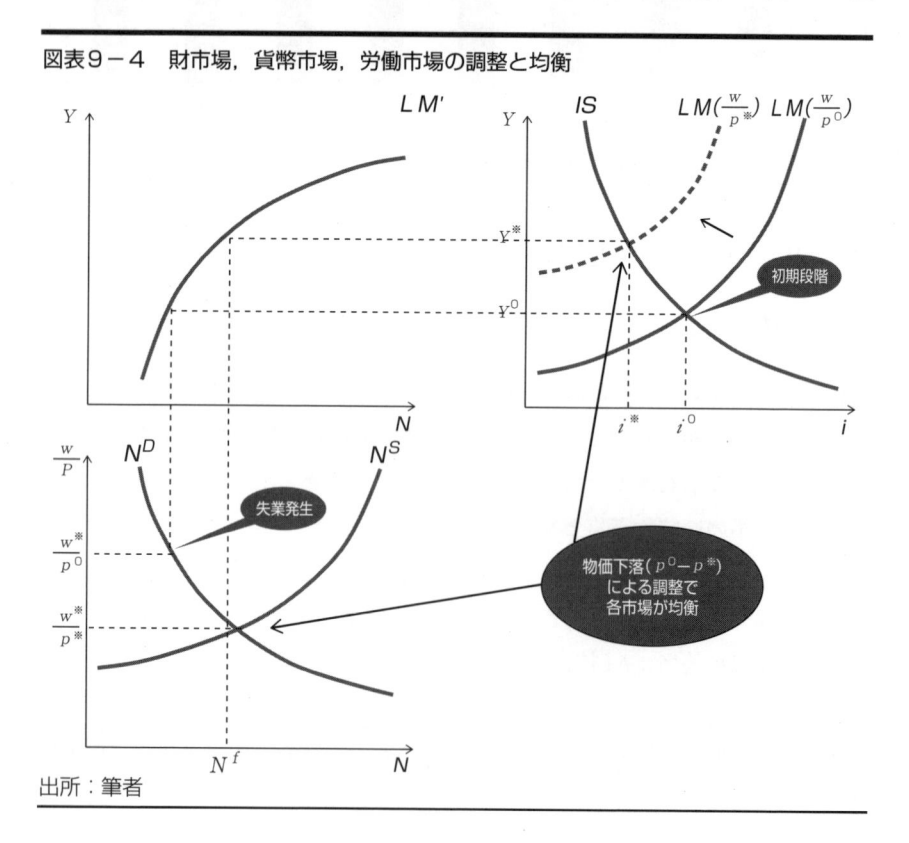

図表9-4　財市場，貨幣市場，労働市場の調整と均衡

出所：筆者

第9章　労働市場と有効需要

表のように，労働市場では非自発的失業者が発生している。このような不均衡が解消される点で三つの市場の釣り合いが取れるメカニズムを物価水準の調整を用いて解説しよう。

① 初期段階の所得と金利の状況はそれぞれY^0，i^0である。これに対応する雇用量はN^0である。

② 完全雇用の水準をN^fとすると，失業者が$N^f - N^0$だけ発生している。

③ 労働市場の不均衡は，物価の上昇による実質賃金の低下（w^0/p^0からw^*/p^*へ下落）で調整される。

④ 物価上昇はLM曲線を左にシフトさせる。その結果の所得Y^*が完全雇用となる雇用量N^fと一致することとなり，財，貨幣，労働の三つの市場の同時均衡が成立する。

3）　総需要曲線と総供給曲線（AD－AS分析）

財市場と貨幣市場の均衡点を辿った関数を総需要関数といい，そのグラフを総需要曲線という。

これは物価水準が与えられた場合の「財市場と貨幣市場を均衡させる」所得水準の軌跡である。図表9－5のように所得を横軸，物価水準を縦軸とした場合，その曲線の傾きは右肩下がりとなる。

なぜか？まずLM曲線を考える。物価水準Pが上昇すると，LM曲線は左にシフトする。IS曲線との交点は所得の減少をもたらす。したがって，減少関数となることがわかる。

図表9-5　AD-AS曲線

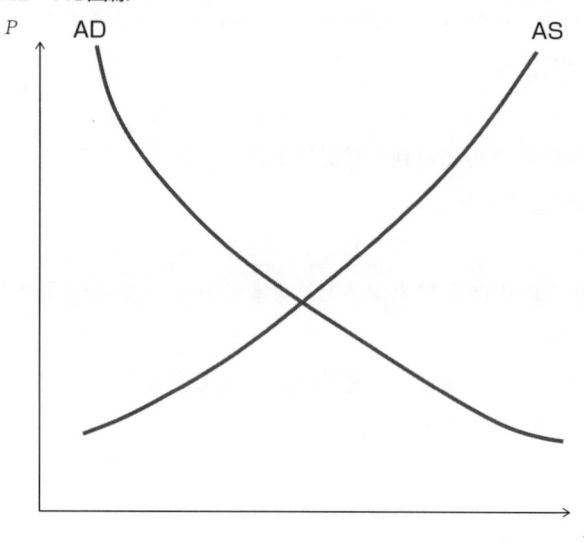

　次に労働市場を考える。物価水準の上昇は実質賃金を低下させる。実質賃金の低下は，労働力への需要を増やすこととなる。労働力の増加は産出量を増加，つまり所得を増加させる。この関係が総供給関数と呼ばれる。総供給曲線は右肩上がりとなる。

　総需要曲線と総供給曲線のシフトについて考えよう。たとえば，物価水準が短期的には変わらないという前提で中央銀行が通貨供給量を増やしたとする。LM曲線は図表9-6のように，右シフトする。所得は増加する。したがって，物価水準一定の中で所得だけ増加するので，総需要曲線は増える所得の分だけ右に移動することになる。

　総供給曲線のシフトは，人口増加などにより説明できる。人口が増加し労働力人口が増えれば，同一賃金水準での労働力供給が増える。これにより労働市場における供給曲線は右シフトし，物価水準が一定としても産出量が増加する。つまり，総供給曲線が右に移動するのである。

図表9-6 貨幣供給量の増加とAD-AS曲線のシフト

出所：筆者

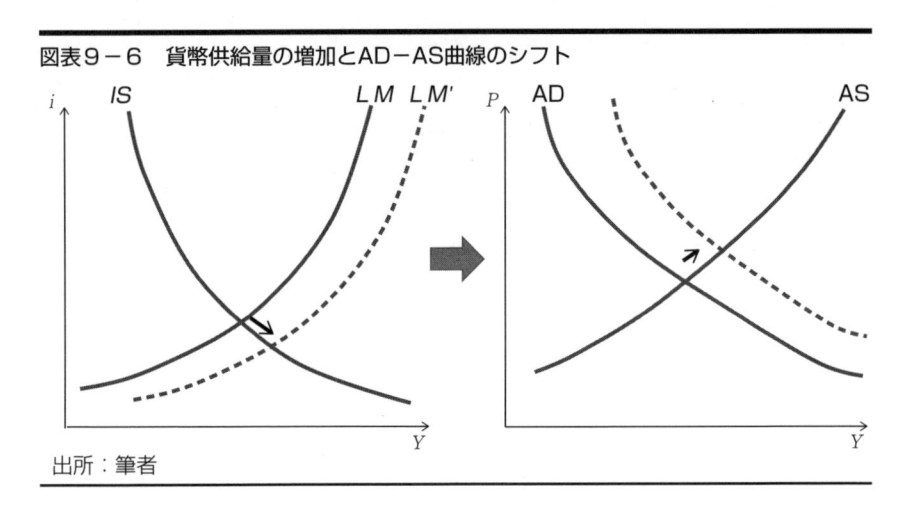

ケインズと古典派では総供給曲線の形状が異なる。ケインズの考え方としては，完全雇用が実現した段階で，それ以上の労働力供給が限界を迎えるため，一定水準以上物価が上がり実質賃金が下がっても産出量（＝所得）は変わらなくなる。一方で，古典派は（ケインズが示した賃金の硬直性とは反対に）名目賃金が伸縮自在である前提であるため，物価水準にかかわりなく，一定の産出量が決まる。このため，総供給曲線は垂直となる（図表9-7）。

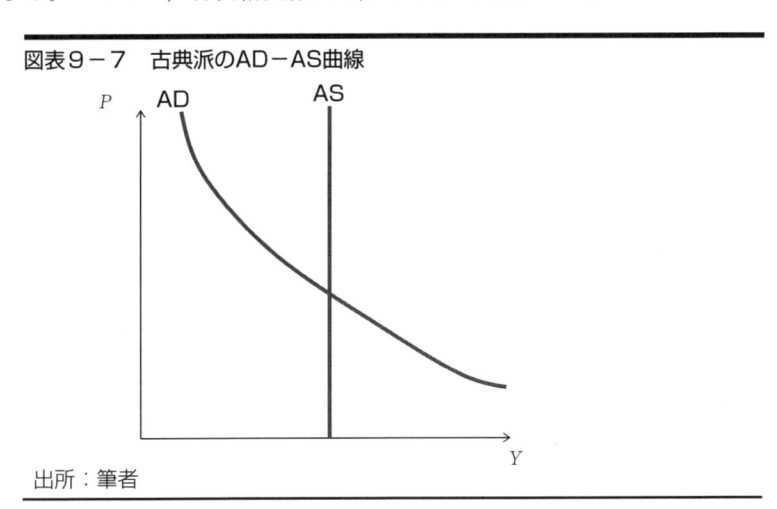

図表9-7 古典派のAD-AS曲線

出所：筆者

このため，後に議論するように，総需要関数を上方シフトするような政策を打っても，古典派では所得を増やす効果もなく物価上昇を招くだけであると考えた。ケインズは，古典派を批判し需要を増やせば，失業が減り完全雇用が実現することを示した。

4) 新古典派マクロ経済学とケインジアン

ケインズ経済学では，「有効需要の原理」をベースに需要が所得を決定すると考え，新古典派は「セーの法則」をベースに供給が所得を決定すると主張している。

ケインズは不景気で失業者があふれる状況を目の当たりにし，経済に十分な供給能力（生産能力，労働力）があるのに失業が解消されないのは，需要不足により過少雇用水準で経済が均衡していると指摘した。このため，政府は財政出動による経済政策を実施して需要不足を解消するべきと主張した。つまり財政による有効需要の創出が，デフレギャップ（完全雇用での産出量と需要不足の状況における産出量の格差）を埋めることができるとした。

一方で新古典派経済学では，賃金による労働市場における価格調整により常に完全雇用が実現しているものと主張した。不況時においても，市場に任せておけば価格メカニズムが働いて完全雇用状態が生まれ，経済は安定した均衡状態になる，というものである。したがって，生産能力の増強などの供給能力を高めることが経済成長につながると主張している。

両者の違いは鮮明である。ケインズは不況状況の継続を前提に大きな政府を掲げ，需要サイドに力点を置いたデマンド・サイド経済学と整理されている。これに対し，新古典派は市場のメカニズムを重視し，政府の関与を限定させる小さな政府を目指した。供給側に軸足が置かれたため，サプライサイド経済学と言われた。

労働市場についての根本的な違いは，新古典派が通常の労働力の需給曲線の形状を想定していたのに対し，賃金の下方硬直性を指摘したケインズは非自発的失業者の存在を示した。

第9章　労働市場と有効需要

5）　有効需要と乗数効果

有効需要の原理とは，生産量（総供給）の大きさは，生産物がどれだけ売れるかという総需要（有効需要）の大きさで決定されるという考え方である。たとえば，需要が不足しているため売れ残りが発生するような状況においては，価格メカニズムがきちんと働かない限りは生産を減らすことで調整される。つまり，総需要の大きさが所得水準を決定するのである。

有効需要の原理は，貿易取引などのない閉鎖経済であること，資本や生産手段などの供給量の制約がないことを前提としており，完全雇用が充足されている潜在産出量（均衡所得）は十分な総需要（有効需要）の存在により達成されるというものである。

消費関数 $C = FC$（独立消費）$+ c_m(Y - T)$ 〜　c_m は限界消費性向で $Y - T$ が可処分所得。

乗数効果：財政支出で失業対策 $\varDelta G$，
① 　$Y' = C + I + G + \varDelta G$ → $Y' - Y = \varDelta G$ 分 Y を押し上げ → $C' = FC + c_m(Y + \varDelta G - T)$
② 　$Y'' = C + c_m \varDelta G + I + G + \varDelta G$ → 更に Y を押し上げ → 永遠に押し上げ効果が進捗
③ 　究極的な $\varDelta Y$ 〜 $\varDelta Y = \varDelta G + c_m \varDelta G + c_m^2 \varDelta G + c_m^3 \varDelta G + \cdots + c_m^\infty \varDelta G$

$$= \frac{\varDelta G}{1 - c_m} \quad \rightarrow \quad \varDelta Y / \varDelta G = \frac{1}{1 - c_m} \text{は財政支出乗数}$$

仮に消費性向が0.8なら，乗数は5倍となり，財政支出により完全雇用の均衡に近づけることができる。

ここでのポイントは総供給線が45度線であること。つまり需要サイドにかならず総供給量が一致するという前提。人口減少などで労働力に制約ある場合は必ずしも成立しない。

減税の乗数効果：

ランプサム減税 $-\Delta T$

① $C' = FC + c_m(Y-(T-\Delta T))$

② $Y'' = C - c_m \Delta T + I + G$ → 更にYを押し上げ → 永遠に押し上げ効果が進捗

③ 究極的 $\Delta Y \sim \Delta Y = -c_m \Delta T - c_m^2 \Delta T - c_m^3 \Delta T + \cdots + c_m^\infty \Delta T$

$= \dfrac{-c_m \Delta T}{1-c_m}$ → $\Delta Y / \Delta T = \dfrac{-c_m}{1-c_m}$ を財政支出乗数という

増税で財政支出を賄う場合の所得影響 $\Delta Y = \dfrac{\Delta G}{1-c_m} - \dfrac{c_m \Delta T}{1-c_m}$

∴ $\dfrac{\Delta G}{\Delta T} > c_m$ が所得増の条件（減税の効果の項が小さいのは減税の一部が貯蓄に回ってしまうため）

第10章　インフレと失業

1　インフレーション

1）物価指数

　物価の上昇や下落を統計的に捉える指標として物価指数がある。こうした指標には，消費者物価指数，企業物価指数などの物価指数と，GDPデフレーターが用いられている。

① **消費者物価指数（CPI＝Consumer Price Index）**
　消費者物価指数は，全国の世帯が購入する商品やサービスの価格の全体的，平均的な変動を捉えたものである。消費者物価指数に限らず物価指数は基準年における物価水準を100として各時点の物価を比較する形で計測される。指数の内容は，初期時点における一般世帯の消費構造を基準に，同等のものを購入した場合に発生するコストを指数値で表現したものである。なお，基準年は，西暦年の末尾が0と5の年を基準時として，5年ごとに見直されている。
　アベノミクスでも注目されているのは「コアCPI」というものであり，気候変動により価格の振れやすい生鮮食料品を除いて計算されたものであり，更に酒類を除く食料品とエネルギーを除いたものを「コアコアCPI」という。
　消費者物価指数は，あくまでも基準年における消費スタイルをベースにしているため，生活様式の変化などによる購入商品の種類や数量の変化に伴う生活費の変動を捉えてはいない。

② **卸売物価指数（WPI＝Wholesale Price Index）と企業物価指数（CGPI＝Corporate Goods Price Index）**
　最終消費者に届くまでの過程における取引価格を指数化したもので，企業間

で取引される商品の価格変動を示す指数である。卸売物価指数は，国内卸売物価指数，輸出物価指数，輸入物価指数から構成され，その加重平均が総合卸売物価指数となっている。この指数は，日本銀行が1887年から2002年まで作成，公表していたが，2003年より指数の総称を改め，企業物価指数としている。たとえば，自動車は消費者物価指数に入り，自動車部品は企業物価指数に含まれる。

企業物価指数は，消費者物価指数が対象としている授業料，家賃，外食などの価格が含まれていない。一方で，消費者物価指数が対象としていない原材料，部品，設備機械などを対象に含めている。ただし，国内企業物価指数を最終消費財に限定した指数は，コアCPIとほぼ連動した動きになっている。

③ GDPデフレーター

物価上昇率をGDPから求めたものがGDPデフレータというものであり，上記の物価指数のような財・サービス価格の積み上げで計算されるのでなく，名目を実質で割って算出する「インプリシット・デフレータ」と言われるものである。

分かりやすく言えば，今年の名目GDPを今年の実質GDPで割ったものに100を掛けたものが今年のGDPデフレータになる。今年の物価上昇率は今年のGDPデフレータから昨年のGDPデフレータを引いて計算される。詳細については，第13章の経済成長で詳しく説明する。

図表10－1は日本のCPIとWPIの推移を示している。なお，WPIは上述の通り，2003年以降企業物価指数に改訂されている。1990年代以降のデフレ傾向が明白である。

図表10－1　日本の物価指数推移

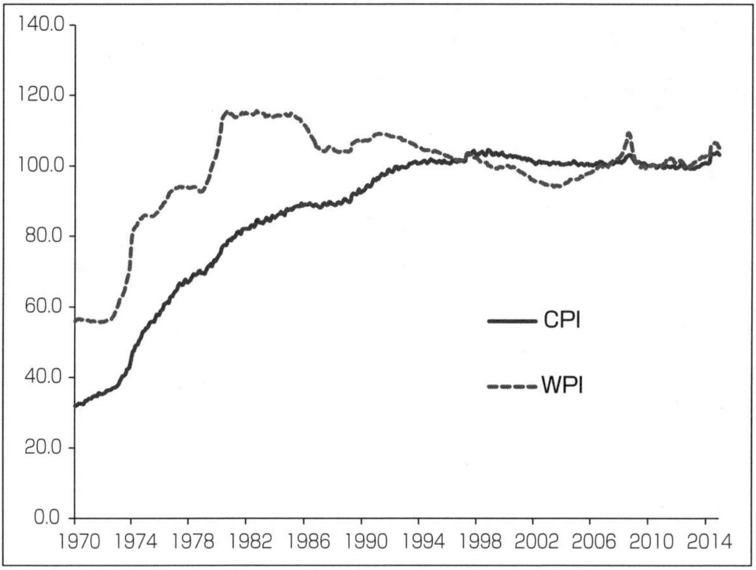

注：WPIは2003年以降企業物価指数に。2010年を100としている。
出所：筆者

2)　パーシェ指数とラスパイレイス指数

物価指数の計算方法は，主にパーシェ指数とラスパイレイス指数の２つがある。

①　パーシェ指数

消費あるいは利用する財・サービスの内容を反映して計算される指数を，パーシェ方式による物価指数という。毎年変わる利用率で物品を加重平均される。GDPデフレータなどはこの方法に分類される。考え方としては，以下のとおりである。

◇本年の価格×本年の数量／基準年の価格×本年の数量

$$= \frac{\sum_1^n(p_1^1 q_1^1 + p_2^1 q_2^1 + \cdots + p_{i-1}^1 + q_{i-1}^1 + p_i^1 q_i^1)}{\sum_1^n(p_1^0 q_1^1 + p_2^0 q_2^1 + \cdots + p_{i-1}^0 + q_{i-1}^1 + p_i^0 q_i^1)}$$

pは価格，qは数量を示す。

② ラスパイレス指数

消費者物価指数や企業物価指数のように，基準年における商品等の構成を変えずに加重平均で指数化したものである。また，公務員の基本給与額を比較する際にも用いられる。

3) インフレの種類

物価上昇，すなわちインフレーションにはいくつかの種類がある。以下，主なインフレーションについて解説する。

① クリーピング・インフレーション

クリーピング・インフレーションは，忍び寄るインフレーションと和訳されている。忍び寄るがごとく，緩やかに進むインフレーションのことで，インフレ率は低水準ながらも長期化する傾向にある。主に好景気の局面に見られる。日本では，60年代の緩やかな物価上昇があり，この種類と見なされる。

② ハイパー・インフレーション

政府がコントロール困難な状況に陥るような物価高騰を「ハイパー・インフレーション」と呼ぶ。一般的には数十％の物価上昇が発生しているような状況であり，第1次大戦後のドイツはこうした経験をした。戦争での敗戦や革命など国の安定性がなくなる，無尽蔵な貨幣供給により通貨の信認が低下する，などの状況で発生しやすい。

③ コストプッシュ・インフレーション

　原材料や賃金等，生産コストの高騰によって発生するインフレーションを「コストプッシュ・インフレーション」という。オイルショックは原油価格上昇により狂乱物価を招いたが，エネルギー価格の上昇は生産費用ばかりでなく運輸などの流通コストの上昇などを経由してコストプッシュ・インフレーションを起こしやすい。なお，消費税の増税も最終消費まで製品やサービスが届く途上でコストを上昇させるため，これもこうしたインフレーションの発生要因に数えられる。

④ デマンドプル・インフレーション

　景気が過熱し，消費が活発化した場合に発生するインフレーションを「デマンドプル・インフレーション」という。たとえば，賃金上昇などによる所得の増加は，需要曲線を上方シフト（右シフト）させ，数量と価格をそれぞれ増加させる。

⑤ スタグフレーション

　不況とインフレが同時進行するような状況を「スタグフレーション」という。

2　フィリップス曲線

1）政策的ジレンマ

　インフレーションと失業とは，両立が難しい「トレードオフ」の関係にある。縦軸に物価上昇率，横軸に失業率をとると，右下がりの曲線の関係を示すというものである。短期的にインフレ率が高い状況では，景気も良く雇用環境が改善し，失業率が低下する。不況となればその逆が起きる。このような関係を表したのが，フィリップス曲線である。

　政策的な観点からは，失業率を低下させようとすれば物価上昇が起こり，インフレを抑制しようとすれば失業率が上昇するというジレンマを表した曲線で

ある。なお，フィリップス氏が論文を発表した際には物価上昇率ではなく賃金上昇率が用いられた。

しかし，1970年代におけるオイルショックでは，物価上昇と不況が同時進行するスタグフレーションに見舞われ，必ずしもこうしたトレードオフの関係は当てはまらない例も出てきた。

2) 長期的なフィリップス曲線

貨幣供給量が，短期的な実質経済成長と長期的な物価上昇に対して重要な影響を及ぼすとする「マネタリスト」の代表者であるフリードマンは，フィリップス曲線は長期的には垂直となるとの主張を展開した。

インフレ率が上昇すると，企業は実質賃金を維持しようとし物価上昇に応じた名目賃金の引き上げを図る。短期的には，労働者はその名目賃金上昇を歓迎し，実質賃金上昇と錯覚し，労働供給を増やそうとする（労働者の貨幣錯覚）。その結果，労働供給曲線（第9章参照）が右シフトする。これにより，労働市場における実質賃金と雇用量の均衡点が，実質賃金低下と雇用量増加をもたらす方向へ移る。したがって，失業率は低下する。これがマネタリストが説明する短期的な物価上昇率と失業率のトレードオフである。

しかし，長期的には労働者の貨幣錯覚は解消され，労働者はインフレを反映した名目賃金を要求するようになるので実質賃金は低下しなくなる。これにより，物価上昇に失業率を低下させる効果はなくなるため，失業率とインフレ率は無関係となるということである。長期には失業率は物価上昇率にかかわりなく一定水準に落ち着く。この失業率を「自然失業率」という。

日本の経験則では，失業率4％を境に賃金が上昇する傾向にある。日本では自然失業率は4％程度と見られ，完全雇用達成可能な状態でも，構造変化・技術革新・高齢化・失業保険などの構造上理由を背景に存在する失業率である。

第10章　インフレと失業

図表10−2　フィリップス曲線

（グラフ：縦軸「物価上昇率 p」、横軸「失業率 u」。自然失業率で垂直な「長期的なフィリップス曲線」と、右下がりの点線「短期的なフィリップス曲線」）

出所：筆者

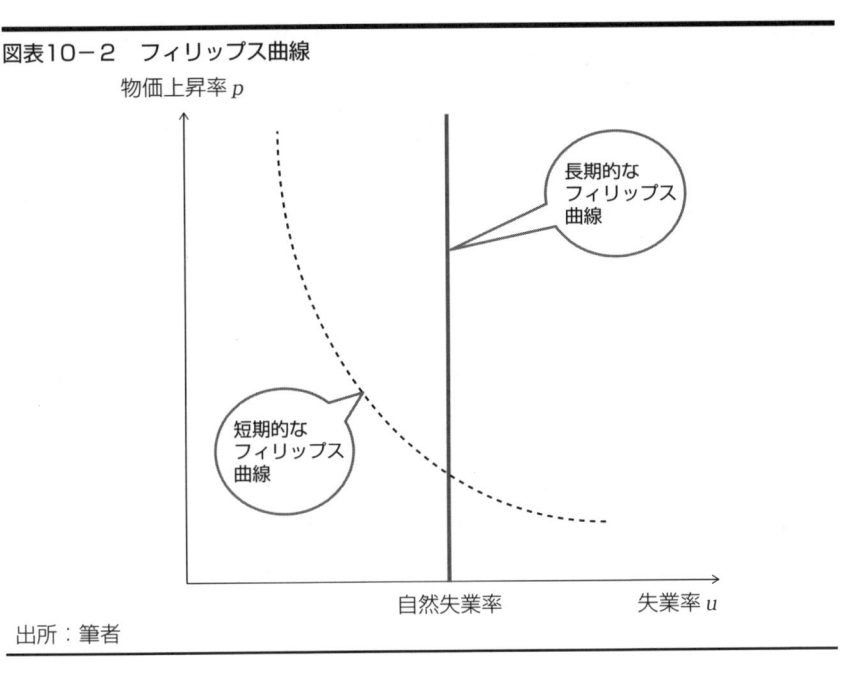

3）　名目金利と実質金利

たとえば，100万円を年利10％の金利で銀行に預金できるとする。一方で，現在100万円で買える車が1年で107万円に7％価格上昇すると仮定する。この場合，銀行預金をすることにより，自動車を購入する力は約3％改善することになる。

　　◇(110/100)／(107/100) − 1 = 2.8％

しかし，物価上昇率が10％の場合，購買力は変わらなくなる。物価上昇率11％の場合は，購買力が低下してしまう。つまり，預金するよりすぐに車を買うのが得策である。

したがって，銀行に預金する際，金利のメリットを予想される物価上昇率と併せて考えるべきであろう。このように物価上昇率を加味した金利水準を，通常の金利（名目金利）から予想インフレ率を差し引いて考えたものを実質金利

という。

◇実質金利 $1+r=(1+i)/(1+\pi)$ 〜iは名目金利，πは物価上昇率。近似式は $r \fallingdotseq i+\pi$ となる。

フィッシャー方程式では，$i=r+\pi^e$；π^eは期待インフレ率，となっている。

第11章　政府と公共経済学

1　政府が介入する理由

1)　市場の失敗と政府の介入

　市場のメカニズムが効率的な資源配分において優れている点は既に説明したが，市場は万能ではない。市場に任せておくと国民の生活や資源の配分にマイナスな影響を及ぼすことも少なくない。こうした状況を「市場の失敗」と呼ぶ。市場の失敗の主な例を以下説明しよう。

① **不完全競争**：

　独占や寡占が社会厚生（経済全体としての幸福）にマイナスであることは，余剰分析で明らかにした。しかし，限られた技術力や限られた資源を生産者が一手に握ってしまうケースは常に考えられる。市場シェアが大きい企業同士が合併して価格支配力を握るケースなども一例である。完全競争を阻害する要因を排除するためには，市場原理に依存するだけではなく，政府の介入が不可欠である。

　具体的には独占禁止法などの法令による規制と，その番人である公正取引委員会による監視が必要である。また，供給される財やサービスの独占やカルテル（寡占業者間の価格協定など）ばかりではなく，売り手と買い手が対等の関係となるような公正な取引条件を確保しなければならない。このため，取引の片側による取引の優位性にも留意しなければならない。独占禁止法では，「優越的地位の濫用」にも禁止規定が設けられている。

② **不完全情報**：

　売り手と買い手の間の情報の非対称性も，買い手だけではなく究極的には売

り手にとってもダメージを及ぼすことになる。食品偽装による直接的被害者は消費者であるが，商品に対する不信感が募れば，生産者にとっても販売不振などの大きな損失を被ることになる。

そこで，政府（あるいは業界団体など）はディスクロージャーに対する義務付けや，（事故車や事故物件などの）告知義務，監督者（省庁や業界団体）による検査などのモニタリングが必要となる。これに応じて，罰則規定なども求められる。

③ 公 共 財：

市場の限界として，道路や国防などのインフラが挙げられる。有料道路などによる市場のメカニズムの導入は考えられるものの，一般道路などに受益者負担（利用者が利用に応じてコストを負担すること）を強いることは物理的に困難である。

このように，特定の人をその財やサービスの利用から排除することができないこと（経済学では「消費の排除不可能性」という），利用者が同時に利用することが可能である利用者の消費によりその財やサービスがなくならないこと（同「消費の非競合性」という）の特性を持つようなものを「公共財」という。公共財に対峙する概念は私的財で，本書で登場してきた財やサービスはすべて私的財と考えてよい。公共財には，前述の道路や国防のほか，警察，消防，公衆衛生，義務教育などがある。

④ 外 部 性：

企業が，生産活動の中で大気汚染や河川への汚水垂れ流しを行っているとする。直接の被害を受けるのは当該企業の経営者ではなく，近隣住人や農業漁業関係者などである。市場原理の中で利益極大化を目指す企業者側にとっては，公害を防御する装置を導入することによるコスト負担や，操業を自粛することによる収益機会の喪失などを進んで被る動機はないだろう。このように，ある経済主体（この場合は企業者）の意思決定が，他の経済主体（地域住民，農民，漁

師）の意思決定や経済活動に影響を及ぼすことを「外部性」という。

上記の例のように公害等は，周辺にマイナスを及ぼすため「負の外部性」あるいは「外部不経済」という。反対に，ミカン生産者がミカン栽培を通じて，空気を自然浄化させるような場合は，「正の外部性」あるいは「外部経済」という。

こうした負の外部性の問題を解消することを「内部化」という。たとえば，法令により汚染物質の排出を防止する義務を政府が与えることにより，企業者側はコストを負担しながら汚染防御装置の設置を行うこととなる。これが公害という負の外部性の内部化である。

負の外部性の内部化を取り扱ったものに「コースの定理」がある。外部性を内部化する方法として加害者が被害者に補償する場合も，逆に被害者が加害者に資金負担をして排出を制限する場合も，両者が合意する汚染水準は同等となり，いずれも最適な資源配分（パレート最適性）が確保されるというものである。

地球温暖化を緩和させるため，炭素税を課したり二酸化炭素排出量を制限したりする場合がある。このため，二酸化炭素排出権を売買する市場が登場するなど，政府の関与を通じながらも外部性の解消に市場原理を活用する例が出始めている。

2） 平等と所得の再配分

リーマンショック後，世界では一部の富めるものに対する批判が加速し，金融危機のつめ跡が大きい国ほど格差を糾弾する声が高まった。アメリカなどでは「１％／99％」運動が活発化してデモや座り込みなどが頻発した。"We are the 99%"というスローガンは，１％の富裕層が豊かさを享受し富を増やし続けているという批判から来ている。

アメリカにおいては，最も豊かな１％の人々が全体の富の約３分の１を所有し，上位２割の人々が全体の85％程度の富を所有している。富める人々が引き起こした金融危機で，貧しい人々がより困窮を強いられるという矛盾を批判した運動である。

図表11-1　ローレンツ曲線

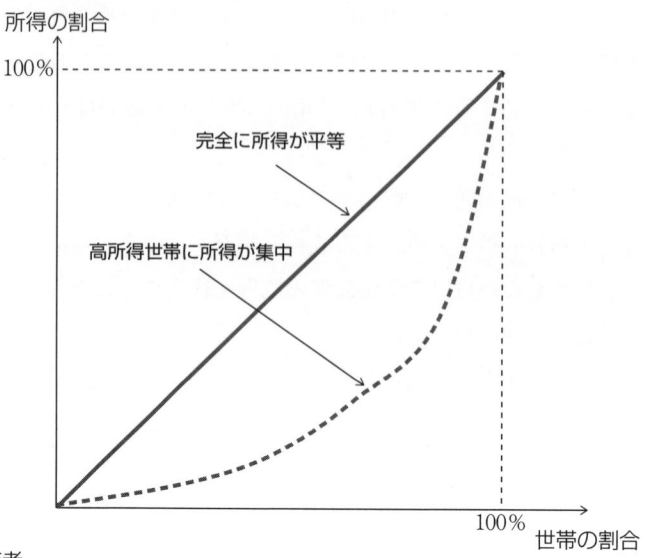

（所得の割合／世帯の割合／完全に所得が平等／高所得世帯に所得が集中）

出所：筆者

　所得の不平等や格差社会を測る指標として「ジニ指数」がある。横軸に所得の低い人から高い人へと順番に並べ，縦軸にその所得を累積させていく。完全に平等であればこのグラフは図表11-1のように直線になる。しかし，所得の高い人ほど大きな所得を得ていれば下に凸の弓型になるはずである。このグラフを「ローレンツ曲線」と呼ぶ。この弓形が大きく湾曲しているほど格差が大きいと考えられる。ジニ指数は，この直線と弓形の曲線の間の面積を，三角形の面積で割ったもので，0から1の間の数値になる。当然，大きければ格差が大きいことになる。

　図表11-2はジニ指数の国際比較をOECDが実施したものである。日本は意外にも平均よりも格差が広がっていることがわかる。

第11章　政府と公共経済学

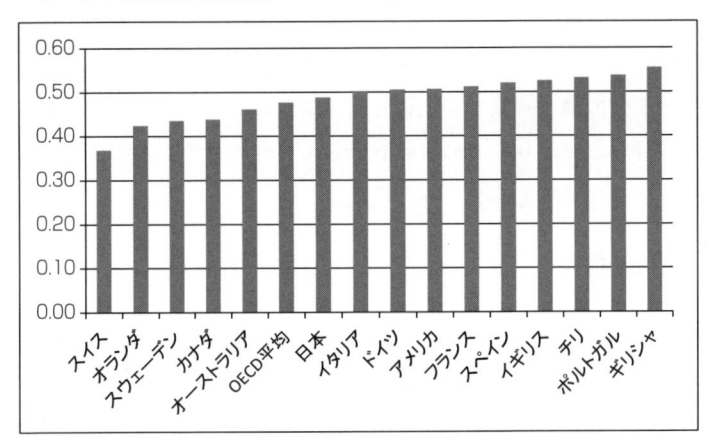

図表11−2　ジニ指数の国際比較

出所：OECD

　政府の市場介入の役割としては，所得の再分配による格差の是正がある。日本国憲法第25条で保障されている生存権（すべて国民は，健康で文化的な最低限度の生活を営む権利を有する）をもとに，生活保護の受給（アメリカでは食品の購入に限定されるフードスタンプの配布などがある），公営住宅の供給，医療保障などを税収をもとに行っている。

2　政府介入の効率性

1）　税制の機能

　税（租税）とは政府や地方公共団体が課する居住者等への金銭の支払い義務である。

　税には四つの機能がある。

① 公共財の費用負担：市場の失敗に対応した政府による公共サービス提供のための費用ねん出

② 所得の再分配：所得や富の格差を是正するための所得の移転機能
③ 景気の調整機能：景気の良い時に徴税額を増やし，悪い時に負担を減らすことにより，景気の循環をマイルドにする調整機能
④ 経済主体の動機調整：相続税を重くすることで消費を刺激したり，説明投資減税などにより企業の投資意欲を活性化させるなど経済主体に対する動機づけを，税制を通じて行う機能

2) 税制の種類

　税には累進課税と逆進課税の二つに大別される。所得が大きいあるいは資産が大きいほど税負担が重くなるのが累進課税である。個人所得税については2015年度税制改正により最高税率が45％（住民税を含めると55％）となった。所得が僅少な場合は税率がゼロとなるため，所得税は典型的な累進課税である。相続税に関しても同様であり，資産の課税評価額に応じて税率が決まる。
　一方，消費税のように所得の大小にかかわらず一定率の課税は逆進性があるといわれている。富める人も貧しい人も同じ税率を負担するため，所得における税負担の割合は貧しい人ほど重くなるためである。
　税目，すなわち税の分類としては，大きく所得課税，消費課税，資産課税に分けられる。所得課税には，個人所得税や法人税などが含まれる。消費課税は日本における消費税やイギリスなどにおける付加価値税がある。消費税と付加価値税の違いは，前者が生産物の流通段階で毎回課税されるのに対して，後者は各生産段階における付加価値に掛けられるため，二重課税が避けられる（車の部品に対する課税は，組み立て段階から消費者の購入に至る各段階で課税されてしまう）。

3) 税制の諸条件

税制のあるべき姿に関して，ワグナーは四つの大原則と九つの原則を示した。

① 財政政策上の大原則
　①-1　課税十分性の原則：税収は財政支出を充足する水準であること
　①-2　課税弾力性の原則：税収は柔軟に増減できること

② 国民経済上の大原則
　②-1　正しい税源の原則：経済を阻害しないよう徴税源を正しく選択すること
　②-2　正しい税種の原則：経済を阻害しないことや公平性を踏まえた税種の選択を行うこと

③ 公正の大原則
　③-1　課税普遍性の原則：例外なく広く普遍的に税負担を配分すること
　③-2　課税公平性の原則：累進性などを踏まえ負担能力に応じた公平な課税を行うこと

④ 行政上の大原則
　④-1　課税明確性の原則：ルールが明確で恣意性がないこと
　④-2　課税便宜性の原則：納税手続きが簡単かつ便利であること
　④-3　最少徴税費用の原則：徴税に伴う費用を極力少なくすること

4) 政府の失敗

政府の介入は極力少ない方が，市場の効率的な資源配分を活かせることになる。しかし，政府の役割も市場の失敗を抑制するためには必須である。とはいえ，政府の介入が国民経済的にマイナスの効果をもたらすことも少なくない。

以下，主な政府の失敗例を挙げる。

① 政治的圧力：政治家からの圧力により税制が中立性を失ったり，政府支出が不必要に膨張することがある

② ポピュリズム：上記と重複するが，選挙前などに大衆迎合的なバラマキ財政支出を行うことがある

③ 利益誘導事業：特定の団体との政治的癒着や選挙における投票に影響力を持つ団体に財政が歪められる

④ ロビイング：特定業界団体からの圧力により，監督が緩められるなど政策が影響を受けることがある

⑤ 単年度予算：長い目で見た予算設定のほうがメリットがあるにもかかわらず予算は毎年1年分のみ決定されるため，必ずしも最適な予算運営ができない

⑥ 不完全情報：政府の行動が納税者，国民から見えないことがあるため，国民全体の利益を損なう政策決定や行政措置が取られることがある

国民に主権があり納税者は政府に税金を納めることで政策運営をゆだねている。しかし，上記のような「政府の失敗」があるために，委任者である国民にとって受託者である政府が利益に沿わない行動を取ることがある。ここに「エージェンシー問題」が発生する。エージェンシー問題とはプリンシパル（委任者）とエージェント（受託者）の間に情報の非対称性があるために，利益に反する行動を受託者が取るリスクである。

筆者としては大きな政府も小さな政府も望まない。中庸の政府が望ましい。

中庸の適正規模とは，不要な政府介入をすべて排除した水準である。たとえば，国民年金のように年金制度を国に委ねておかしな運用をされるよりは，自己の責任に基づき民間の運用の枠組みで運営された方が，上記エージェンシー問題が緩和されるであろう。

3　財政政策

1）歳入と歳出

歳入と歳出は国の収入と出費ではない。家計や企業における収入と支出の関係では，労働や生産・投資活動に伴う対価が収入として認識される。支出は消費などによるものである。しかし，国の歳入と歳出の関係は以下のとおりである。

◇歳出＝国債費＋一般歳出・地方交付税交付金
◇歳入＝国債＋税収

図表11－3　一般会計歳入と歳出（マイナス表示）推移（兆円）

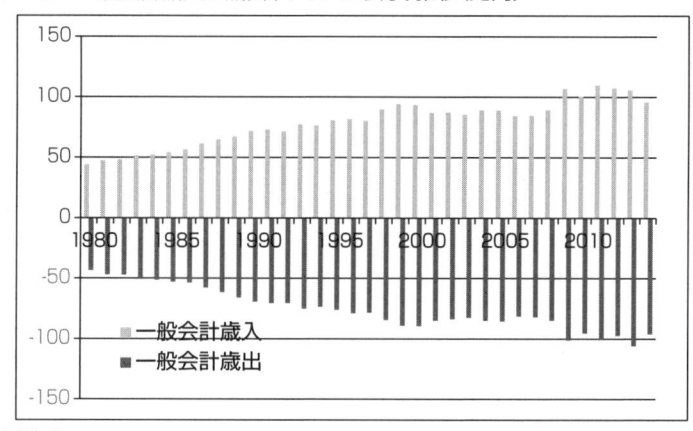

出所：財務省

つまり借金である国債の増減が収入部分に含まれているのである。ここで，歳入と歳出の推移を図表11－3で見てみよう。歳出は過去10年間で著しい増加を遂げているが，このなかで最も顕著な伸びを示しているのが社会保障費である。社会保障費とは，年金，医療，福祉などの国による負担で，たとえば医療費のうち健康保険料や自己負担額以外は税負担となる。少子高齢化の進行により，社会保障費の増大は加速している。

2) プライマリーバランス〜年収と出費の関係

　2015年度の予算ベースの歳入と歳出を見てみよう。歳入，歳出共に96.3兆円であるが，歳入のうち税収等は59.5兆円で国債発行による資金流入は36.8兆円に上っている。一方で，歳出のうち国債の元利払い負担（23.4兆円）を除く「基礎的財政収支対象経費」は73兆円で，そのうち31.5兆円は社会保障費である。

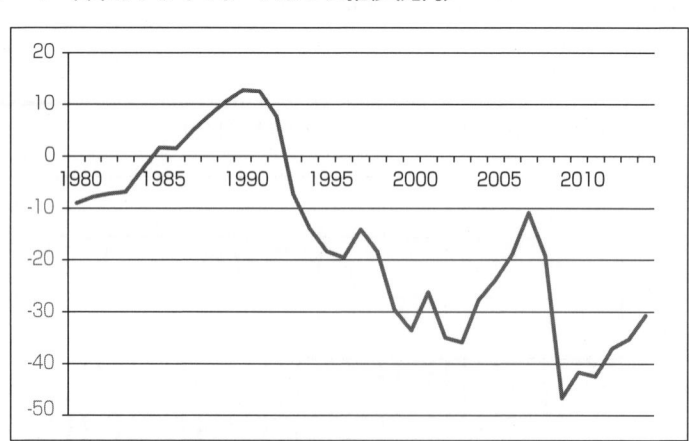

図表11－4　日本のプライマリーバランス推移（兆円）

出所：財務省

　借金である国債の出入りを除いた部分に着目すると，73兆円の支出を賄うために，税収等の59.5兆円では足りないため，13.5兆円の借り入れを増やしていることになる。

我々の家計のやりくりに直すと、年収595万円の家庭で派手な730万円の出費を補てんするため、135万円も借り入れを増やしているイメージである。とても正常とは思えない。

こうした家計の収支に近い概念が「基礎的財政収支（プライマリーバランス）」である。

◇プライマリーバランス＝税収等－（一般歳出＋地方交付税交付金）

政府は2020年度までにプライマリーバランスを黒字化することを目標に掲げているが、仮にこの目標が達成されても、その間は国の借金は増加を続けることとなる。

因みに図表11－4は、日本のプライマリーバランスの推移を示している。黒字化への道はいかに厳しいかが窺い知れる。

3） 増税と国債の選択

「リカード＝バローの等価定理」によれば、財政支出が一定時には、不足資金を増税で賄おうと国債発行により調達しようと効果は同じであるとしている。つまり、いま借金しても将来はいずれ増税で賄わなければならないから時間の問題であるという意味である。

しかし、現実問題としては国債の金利負担は預金の金利よりも高いため、増税負担が先に来る方が最終的な財政負担額は軽くなる。

ただ一方で考えなければならないのは、経済的な影響である。2014年4月における消費税増税は想定以上の経済的なインパクトをもたらした。増税の是非については、「上げ潮」派と「財政健全化」派で主張が異なる。

経済成長は法人および個人の所得増加や消費活発化による税収の増加をもたらす。経済成長に対する税収の増加を「税収弾性値」という。経済成長が1％で税収が3％増であれば3.0が弾性値である。2014年の消費税増税を意思決定する際に政府が示した税収弾性値は1.1であった。この数値が低いほど、増税

による経済成長へのマイナス影響とこれに伴う税収減少の影響が少なく見積もれるため，財政再建を重視する人々にとっては都合がいい。

　一方，経済成長を促すために増税を見送った方が，税収が自然増収となるという「上げ潮」派は弾性値を高く見積もる動機がある。

第12章 金融政策

1 貨幣について

1) 貨幣とは

　貨幣，つまりお金は，物々交換の不便を取り除くための媒体である。古くからは，自然貨幣（貝殻など）や商品通貨（家畜や穀物）があり，その後，金属（金，銀，銅，青銅，鉄）が，秤量貨幣（金属の重さで価値を決める）として流通するようになった。更に，計数貨幣（重さに拘らず統治者が決定）に変遷し，欧州では中世になると紙幣が登場するようになった。

　元々は，ヨーロッパ大航海時代で交易等で金銀を大量に流通させたが，安全性や流通性から，金銀を両替商に預け代わりに証書を発行するようになった。この証書は金銀に交換可能なため，紙切れでありながら価値を持った。これが兌換券（金銀との交換が可能な紙幣）のルーツである。

　近代に入ってからは，貨幣の発行権限は中央銀行に統一された。金の裏付けをもとにして兌換券の証書（紙幣）が発行される通貨制度を金本位制という。金本位制度は1816年にイギリスに始まり，19世紀後半には世界で広まった。その後，世界恐慌頃に多くの国で兌換措置が停止され，第二次世界大戦後は米ドルのみが金兌換されるようになった。なお，その他の通貨はドルと固定相場制をとる制度に移行した（ブレトンウッズ体制）。しかし，アメリカは突然金兌換停止を発表した（ニクソンショック）。これをきっかけに，為替相場は変動相場制へ移行した。

2) 貨幣の種類

　貨幣には，現金通貨（硬貨と紙幣）と預金通貨（要求払い預金や振込，振替）がある。なお，最近急速に普及している電子マネーは，現金通貨のチャージを前

提なので通貨とは言えない。クレジットカードやデビットカードも預金通貨が前提となっているため，広い意味でも貨幣の範疇には入らない。

3） 発行権限と法定通貨

　法定通貨とは，金銭債務などの弁済手段として強制力を持つ通貨のことである。法貨とも呼ばれる。日本では，日本銀行が発行する日本銀行券，財務省造幣局が製造し政府が発行する貨幣（硬貨）のみが法定通貨である。日本銀行券は日本銀行法の定めにより無制限の強制通用力が認められているが，補助貨幣的な性格を有する硬貨の強制通用力は，「通貨の単位及び貨幣の発行等に関する法律」により，額面価格の20倍まで（1回の使用につき同一金種で20枚まで）に限るものと規定されている。

（http://www.mof.go.jp/currency/bill/lot/2014ginnkoukennkeikaku.html）

　日本銀行券は，独立行政法人国立印刷局が製造し（独立行政法人国立印刷局法第11条第1項第1号），日本銀行が発行する（日本銀行法第46条）。国立印刷局は，銀行券の製造については，財務大臣の定める製造計画に従って行わなければならない（独立行政法人国立印刷局法第12条）。

　なお，多くの国では，中央銀行が銀行券として流通させることが一般的であるが，シンガポールの通貨シンガポールドルは政府シンガポール金融管理局が発行と管理を行っている。香港ドルは，香港金融管理局の監督の下で民営銀行3行が紙幣を発行しているが，10香港ドル紙幣だけは香港特別行政区政府の発行する政府紙幣である。

　日本が金融危機に見舞われた際に，ノーベル経済学賞を受賞した経歴を持つスティグリッツ氏が来日し，政府紙幣の発行を提言した。政府紙幣とは，国債とは異なり返済の必要な債務ではないため，政府紙幣発行を行えば，財政支出による景気刺激や国債償還による財政健全化を果たすことが可能となる。

4) 貨幣の目的と需要動機

貨幣の目的と需要動機については，第8章IS－LM分析の「2　貨幣市場の均衡」を参照されたい。

2　貨幣供給

1) マネーストックとは

従来，貨幣供給量は「マネーサプライ」と呼ばれていたが，現在では「マネーストック」に改称された。改称は，ゆうちょ銀行民営化などから，2008年6月に行われたもので，金融機関と中央政府を除いた経済主体（一般法人，個人，地方公共団体等）が保有する通貨の合計を指す。

通貨保有主体の範囲は，居住者のうち，一般法人，個人，地方公共団体・地方公営企業が含まれ，うち一般法人は預金取扱機関，保険会社，政府関係金融機関，証券会社，短資等を除く法人が含まれる。マネーストックの中では，M3が代表格である。

2) ハイパワードマネー

ハイパワードマネーとは，貨幣と日本銀行当座預金の合計である。貨幣は中央銀行が発行する負債であり，当座預金も民間銀行からの借り入れのような存在である。ハイパワードマネーは，マネタリーベースやベースマネーとも呼ばれ，アベノミクスのもとでの金融政策では「マネタリーベース倍増」が政策手段として掲げられた。

後ほど詳しく説明するが，この貨幣供給量の乗数倍の信用創造（銀行を通じた貸出による資金供給）ができるので「ハイパワード」と呼ばれる。

3) 日本銀行への準備預金の必要性

民間銀行は普通預金や当座預金など「いつでも引き出し可能な」預金を扱っ

ている。こうした預金を「要求払い預金」という。要求払い預金は，銀行にとって口座からの引き落としや送金などの決済機能を有しているほか，銀行の要求払い預金は一度に全預金者から払出しを行うことはまずないので，貸出として資金を融通する元手にすることもできる。

しかし，銀行が預金を全て貸出などに振り向けてしまい，手元の払出し資金がなくなってしまうリスクを抑制するため，日本銀行に預金の一定割合を預けなければならない。これが準備預金である。日本銀行の当座預金はこうした準備預金が預け入れられる。

4） マネーストック統計の各指標

マネーストックに関する統計には，Ｍ１，Ｍ２，Ｍ３，広義流動性などがある。

① Ｍ１＝現金通貨＋預金通貨
　　※現金通貨：銀行券発行高＋貨幣流通高
　　※預金通貨：要求払預金（当座，普通，貯蓄，通知，別段，納税準備）－調査対象金融機関の保有小切手・手形

② Ｍ２＝現金通貨＋国内銀行等に預けられた預金
　　※対象となる銀行等は，日本銀行，国内銀行（除くゆうちょ銀行），外国銀行在日支店，信金中央金庫，信用金庫，農林中央金庫，商工組合中央金庫

③ Ｍ３＝Ｍ１＋準通貨＋CD（譲渡性預金）＝現金通貨＋全預金取扱機関に預けられた預金
　　※準通貨：定期預金＋据置貯金＋定期積金＋外貨預金

④　広義流動性＝Ｍ３＋金銭の信託＋投資信託＋金融債＋銀行発行普通社債＋金融機関発行ＣＰ＋国債＋外債
　　※対象機関は，中央政府，保険会社等，外債発行機関を含む。

5）貨幣供給に伴う物理的デリバリー

中央銀行から銀行への供給は，民間銀行による日銀当座預金から引き出しで行われる。当座預金には準備預金としての積み立てのほか，債券オペ（日本銀行が民間銀行から国債を買い取ったり売却したりする業務）の決済代金などが入金される。

物理的には，日本銀行の本店あるいは各地の金庫から現金輸送車で搬出される。一方で，銀行からは損貨といわれる消耗貨幣や古いお札が日本銀行に搬入される。

民間銀行から市中（世の中）への供給の方法としては，貸出や預金元利金の支払いがある。振り込みや振り替えで入金された資金の払出しなどもこれに含まれる。

因みに支店では現金持ち高は極力圧縮する努力が払われている。なぜなら，現金で金庫に放置されても利息を生まないが，たとえば日銀に預ければ利息がもらえる。このため，多額の現金引き出しの予定があるときは，事前に取引店に通知しておいた方がよい。

3　要求払い預金と流動性転換機能

1）要求払い預金

既に述べたとおり，当座預金や普通預金，決済預金などは要求払い預金と呼ばれ，満期がなくいつでも引き出せる。銀行は預金取引を通じ，資金決済を行うとともに，受け入れた預金を源泉として貸し付けを行うことで，信用創造を行う。この決済機能と信用創造機能が，銀行の最も基本的かつ主要な役割である。

2) 流動性転換機能

　銀行が受け入れる預金が，他の一般企業が調達する資金と異なる点は，「流動性の転換」にある。資金を調達する借り入れという経済行為には法律上「期限の利益」が認められる。期限の利益とは，借入人は定められた期日まで，原則として借入金ないしはその利息を弁済する義務が生じない（民法第136条），借入人にとっての恩典である。この恩典は，破産などの特定事由（同法第137条）が生じない限り，喪失されない。平たく言えば，×月×日を期限としてお金を借りた場合に，それ以前に貸した当事者がお金を必要となって「返せ」と言われても期限が来るまで返さなくていい，ということが法律上保証されているわけである。

　しかし，銀行の預金には，実質的にこうした期限の利益がない。いわゆる「要求払い」が銀行預金の最大の特徴である。当座預金や普通預金などの期日の定めがない預金は，預金者の請求に応じてただちに払い出しが行われる「要求払い預金」と呼ばれる。また，一定の期日が設けられている定期預金であっても，中途解約にともなう利息の減額を条件として，解約の申し出に応じるのが慣行化されている。

　銀行の流動性転換機能は，銀行の調達源泉である預金と，運用対象である貸し付けの，期限の利益の非対象性により特徴付けられる。すなわち，銀行は，預金者から引き出しが容易な条件で預金を受け入れることで，預金者の予備的動機に対応できる形となっている。一方で，貸し付けに関しては借入人の期限の利益が保全されることで，借入人は銀行からの要求払いのリスクに晒されることなく，自らの経済活動に資金を投入することが可能となる。これが銀行を介在しての流動性転換機能である。

　この流動性転換機能を銀行が有しているがゆえに，経済活動がより円滑に動いていることは自明であろう。もし，資金がだぶついている人と資金が不足している人を仲介する主体に流動性転換機能がなければ，資金余剰部門である預金者にとって，すぐに現金を引き出せるような予備的動機を充足することがで

きなくなる。この場合，現金のまま所有し続けるしかない。そうなると，生産手段を取得するために必要となる，資金を調達する資金不足部門は，資金調達を仲介主体から得ることはできなくなるため，経済活動は停滞を余儀なくされるであろう。したがって，銀行の流動性転換機能を維持することは経済のメカニズムにとって極めて重要なことがわかる。

　流動性転換機能は大数の法則を前提としている。現金を引き出す人が同時に多数現れる確率が低いという前提である。

4　銀行の信用創造

1）　銀行からの資金供給

　銀行が預金で預かったお金は，一部を日銀準備預金に積んだうえで，貸出に振り向ける。貸出は，個人向け住宅ローンや法人の営業資金として使われるが，こうした資金は住宅ローンであれば不動産業者，法人であれば商品の仕入れ代金を受け取った供給者の手元に入ることになり，これが再び預金として銀行に預けられ，上記のプロセスを何度も繰り返す。これが世の中にお金が回る仕組みである。

2）　信用乗数

　経済活動を支えていくなかで，最も重要な銀行の機能が信用供与である。銀行は預金を預かりこれを元に資金を貸し出す。そして貸し出された資金は，さまざまな経済活動を通じて再び預金として銀行に預けられる。こうした循環を繰り返していくなかで資金が経済のなかを駆け巡っていくこととなる。少し前にはお金のことを「お足」と言っていたが，まさに足が生えているわけである。

　しかし，銀行は受け入れた預金を全額貸出に回せるわけではなく，一定比率（「預金準備率」）を準備預金として日本銀行の当座預金に預けなくてはいけないと法律で定められる。銀行が「信用」を作り出していくときはこの預金準備率を引いた分だけ貸出にまわすことができ，そこから生まれた資金が経済取引

を通じ新たに預金として銀行に回り，それが再び一定比率貸出に流れていくという連鎖を繰り返していくこととなる。これを信用創造における乗数効果という。

この乗数効果を定式化すると以下の通りとなる。

◇マネタリーベースB，マネーストックM，現金通貨（流通現金）C，預金通貨D，準備預金R，cを通貨預金比率（C/D），rを預金準備率（r/D）

$$\frac{M}{B} = \frac{C+D}{C+R} = \frac{\frac{C}{D}+\frac{D}{D}}{\frac{C}{D}+\frac{R}{D}} = \frac{1+c}{r+c}$$ となりこれが貨幣乗数となる

$M = \dfrac{1+c}{r+c} B$ と貨幣乗数倍だけ流通するマネーが増える。

3） 信用乗数の低下

銀行が何らかの理由で貸出に回すお金を制限する場合や，銀行がきちんと貸出を行っても経済活動の末生まれてきたお金が預金に戻らずいわゆるタンス預金になってしまう場合などは，当然世の中に出回る通貨の量を減少させることとなる。流れてくる血液が少なくなると，体中の細胞の働きが弱くなるのと同様に，経済活動が停滞してしまいかねないわけである。したがって，経済活動に必要な「信用」が十分に供給されないと経済全体が悪化してしまい，それが再び乗数効果を低下させ，さらに経済活動が沈滞化するといった負の方向へのスパイラルに陥ってしまう危険性が生じる。まさに，1997～99年までがこうした状況で，こうした状況は多くのケースでクレジットクランチとか信用逼迫と呼ばれる。

① お金の足が遅くなる理由その1

クレジットクランチの理由のひとつは銀行側に原因がある。第一に銀行の財務体力が低下し貸出を行う余力がなくなるケース。銀行は自己資本比率を重要

な健全性の尺度として金融当局から厳しく監督されている。決算で赤字を計上したり保有する有価証券の評価損が拡大したりすると自己資本が減少し，場合によっては業務停止命令などの行政措置が発動されるなど，実質的な経営破たんに陥る状況に追い込まれることもある。

こうした事態を回避するために銀行が取る行動としては資産圧縮と増資がある。資産を圧縮する過程で抑制的に貸出を行ったり，すでに実施した貸出についても回収を急ぐなど「貸し渋り」や「貸しはがし」と悪い評判が立つような行動にエスカレートする懸念も出てくる。自己資本比率の問題ばかりではなく，前段の「決済」でも触れた1997～98年の金融危機でもそうであったように資金繰りへの不安感から銀行はより多くの資金を貸し出さずに手元に置いておきたいと考えるようになり，こうした「資産圧縮」の動きに拍車がかかる。

以上述べたような状況下では銀行が貸出にまわさない預金の比率が高まるため，世の中に出回る資金の量（信用創造される金額）は，$\frac{1+c}{r+c}B$ ではなく $\frac{1+c}{r+s+c}B$ となり（ここで s は貸し渋りする比率とする），s が大きくなる（貸し渋りの度合いが増す）とこの金額が急激に減少することがわかる。

② お金の足が遅くなる理由その2

銀行の信用力低下による預金者の「銀行離れ」がもう一つの理由である。これも1997年以降に見られた現象で，預金者は二つの理由で手元の余剰資金を銀行には預けなくなった結果，いわゆる「タンス預金」が急増した。ひとつには銀行の信用不安でもうひとつは金利水準の低下。信用できない銀行に金利ゼロで預けるよりは手元に置いておいたほうがいいという判断の結果である。面白い現象としては，この時期銀行の貸金庫が人気化しキャンセル待ちが出たほどである。

③ お金の足が遅くなる理由その3

第三に借入を行うニーズがないケースがある。いかに銀行が貸出を増やそう

としても資金ニーズがなければ貸出は増加しない。最初の二つのケースが銀行という供給サイドの事由だとすると、この三つ目のケースは需要サイドの問題である。たとえば、景気の先行きが不安になれば、設備投資や仕入れを抑制したりする。これが資金需要を減少させ、信用乗数を低下させる。

5 中央銀行と金融政策

1) 中央銀行の役割

中央銀行の主な役割は、貨幣の発行、資金の決済、金融秩序の維持である。
日本銀行法においては、「我が国の中央銀行として、銀行券を発行するとともに、通貨及び金融の調節を行うこと」および「銀行その他の金融機関の間で行われる資金決済の円滑な確保を図り、もって信用秩序の維持に資すること」と役割が規定されている。

金融緩和的な政策は、金利引き下げや貨幣供給の増加による消費や投資の刺激あるいは金融システムの安定化を狙いとして行われる。一方、金融引締め的な政策は、物価上昇の抑制やバブルなど過熱した景気の緩和を目的として行われる。

2) 金融政策の目的

① 物価の安定

日本銀行の金融政策の目的は、物価の安定を図ることである。物価の安定は、経済が安定的かつ持続的成長を遂げていくうえで不可欠な基盤であり、日本銀行はこれを通じて国民経済の健全な発展に貢献するという役割を担っている（日本銀行法第1条第1項、第2条）。

物価の安定といった場合、過去においてはインフレーションの抑制が主たる政策目的であった。しかし、近年ではデフレーションからの脱却が命題となっている。デフレは家計の名目的な所得水準が維持される限りにおいては、実質的な購買力が高まるので良いことのように感じてしまう。しかし、デフレは物

価下落を人々に予想させることにより，消費を先送りさせる作用がある。消費の先送りは経済活動を停滞させ，所得水準を減少させる。したがって，期待インフレ率をプラスに転ずることが現在の我が国における「物価の安定」の政策目標となる。

② 金融システムの安定

日本銀行は，決済システムの円滑かつ安定的な運行の確保を通じて，金融システムの安定（信用秩序の維持）に貢献することを求められている（日本銀行法第1条第2項）。日本銀行は，金融機関に対する決済サービスの提供や「最後の貸し手」機能の適切な発揮等を通じて，この目的を達成する。

金融危機などの状況においては，金融機関への資金融通を行うことで資金繰りの悪化による金融機関の破たんを防ぐなどの方策がとられる。1998年までの金融危機では，銀行をはじめとする主要金融機関の資金繰りが不安定化し，貸し渋りなどの経済的な打撃を与えた。日銀が積極的に資金供給することでこのリスクの低減を図った。

また，平時においても，銀行と「考査約定」を結び，金融庁による金融検査とは別に銀行の健全性をモニタリングしている。

③ その他の目的

一般的に中央銀行は政府からの独立性を維持しながらも，必要に応じて政府と政策的協調を行う立場にあるべきである。国によっては，雇用の安定と適切な経済成長の維持を中央銀行の金融政策の目的として，政府と協力することがある。

3) 伝統的金融政策手段

① 預金準備率操作

法定準備率rを引き下げれば，銀行が貸出に回せる資金が増える。このため，金融緩和のための手段としては，準備率の引き下げがある。逆に，金融引き締

めの際には準備率の引き上げが行われる。準備率の操作による，信用乗数の説明については既に述べた乗数効果のところを参照されたい。

② 基準割引率および基準貸付利率操作

日本銀行が短期金利をコントロールする際には，昔は公定歩合と呼ばれる日銀が民間銀行に貸し出す際の金利を用いて公定歩合操作と呼んでいた。しかし，2006年8月に政策手段の名称変更が行われ，「基準割引率および基準貸付利率」へと改称された。この操作対象となる金利は，一般的に政策金利と呼ばれる。

日本銀行が短期金利をコントロールする際に，操作対象を無担保コール翌日物金利を基準金利（目安）としていた。このため，日本銀行が金融機関に直接資金を貸し出す際の基準金利に，銀行の預貸金の金利の目安となる政策金利としての意味合いが薄れた。なお，公定歩合はロンバート型貸出制度（補完貸付制度）適用金利であるため，実質的にコールレートを誘導する際の上限金利となっている。

③ オープン・マーケット・オペレーション

日本語訳は公開市場操作である。国債の売買を日本銀行が行うことにより，市中に流通させる貨幣量を調節する手法である。「買いオペ」は，市場から国債を買い上げることによって購入代金に充てる貨幣を発行し市中にマネーを流通させる。「売りオペ」は，日銀が保有する国債を市場に売却することで，市場から現金を吸い上げる操作である。前者は金融緩和，後者は金融引き締めを目的とする。

4）非伝統的金融政策手法

① ゼロ金利政策

政策金利をゼロに誘導することで，経済全体の実質金利を引き下げ，投資を刺激しようとするものである。1999年2月にゼロ金利政策がスタートし，2006

年に解除された。しかし，貨幣と債券の収益率が双方ゼロのため「投機的需要」としての貨幣需要が高まり，投資が刺激されない流動性の罠にはまってしまっている。

欧州ではマイナス金利政策も登場している。欧州中央銀行（ECB）が2014年6月に導入を決定し，ユーロ圏の市中銀行がECBに預入する預金金利をマイナスにするものである。銀行はECBに余剰資金を預けると金利を取られる（手数料のような感覚）ため，銀行貸出に資金が回ることを目的とする。

② 量的緩和政策

量的緩和政策はその英語であるQuantitative Easingを略して「QE」と呼ばれることが多い。中央銀行が当座預金の積み上げ目標を明示し，国債買い取りなどによりマネーの流通量を増加させる政策である。日本では2001年にこの政策が採用され，2004年のピークでは35兆円の積み上げ目標まで引き上げられた。

米国FRB（連邦準備制度理事会）も，2008年から「QE 1（1兆7,250億ドル供給）」，2010年から「QE 2（6,000億ドル供給）」と呼ばれる量的緩和政策を実施した。

③ 質的緩和政策

中央銀行が安全債券である国債以外の「リスク資産」を購入することで，経済の活動を金融面から刺激する政策。具体的に日本ではREIT（不動産投資信託証券）や株式（通常は個別の株式ではなくETFと呼ばれる株価指数に連動した証券）を購入。米国でも抵当証券（モーゲージ）などの購入が行われた。

④ インフレターゲティング

物価上昇率を中央銀行の政策目標とするもの。日本では，コアコアCPIといわれるエネルギー関連除きの消費者物価指数を2％まで引き上げる目標が2013年に示された。元来は，インフレの鎮静化を目的として採用された考え方であるが，日本を始め多くの国では現在のデフレ環境からの脱却を目指す施策とし

ている。

5) 名目金利と実質金利

たとえば，100万円を年利10％の金利で銀行に預金できるとする。一方で，現在100万円で買える車が1年で107万円に7％価格上昇すると仮定する。この場合，銀行預金をすることにより，自動車を購入する力は約3％改善することになる。

◇ (110／100)／(107／100) － 1 ＝ 2.8％

しかし，物価上昇率が10％の場合，購買力は変わらなくなる。物価上昇率11％の場合は，購買力が低下してしまう。つまり，預金せずにすぐに車を買うのが得策である。

したがって，銀行に預金する際，金利のメリットを予想される物価上昇率と併せて考えるべきであろう。このように物価上昇率を加味した金利水準を，通常の金利（名目金利）から予想インフレ率を差し引いて考えたものを実質金利という。

◇実質金利 $1+r=(1+i)／(1+\pi)$〜iは名目金利，πは物価上昇率。近似式は $r≒i+\pi$ となる。

フィッシャー方程式では，$i=r+\pi^e$；π^eは期待インフレ率，となっている。

6) 金利・物価と消費行動

金利（実質金利）が下がれば，住宅ローンやマイカーローンの金利も下がるため，消費をしやすくなる。また，預金などの金利も下がるため，預金などに資金を滞留させるよりは，実物資産の購入を現時点で行った方が効用は増加する。このため，金利を低めに誘導することにより，家計の消費や企業の投資を

促すことができる。

　また，実質金利は物価上昇の概念を反映させているため，消費行動の時間選好が理解しやすい。時間選好とは，消費のタイミングを先にするか後にするかの判断である。デフレ環境で，いくら金利を下げてもモノの価格が下落し続ける中では，消費を先送りさせることが賢明な判断になる。

　このため，実質金利が高い（つまり物価下落の幅が金利低下を上回る）状況では，モノが売れなくなり，さらにデフレが深まってしまう。物価を下落から上昇に傾け，名目金利を引き下げることにより，実質金利を低下させることが経済状況の回復には重要なのである。

7）　金融政策の信頼性

①　時間的不整合の問題

　中央銀行が金融政策を行う場合には，市場あるいは世間一般とのコミュニケーションが重要である。金融政策に取り組む過程で，時間の経過とともに当初の政策的目標設定と異なる政策的動機が生じることがある。この場合，中央銀行の政策の信頼性（クレディビリティという）が低下してしまう。これを「時間的不整合」という。つまり時間の経過とともに，政策の目的が変化してしまうことである。

　たとえば，インフレーションが発生している中で物価の安定と失業率低下の二つを政策目標としていたとする。ただし，物価の安定には金融引き締め気味の政策が必要であり，失業率低下には緩和気味の政策が必要である。このようなジレンマの中で，中央銀行が物価安定を金融政策の目標に掲げたとする。人々のインフレ期待は低下し，物価が安定するかもしれない。しかし，その時に失業率を低下させるべく金融緩和を行ったとする。これがインフレーションを生んで結局金融政策に対する信頼性は低下するに違いない。これがクレディビリティの低下である。

　昔は，ルーブル合意やプラザ合意を始めとする国際合意があったため，各国の中央銀行の金融政策はこうした合意の制約を受けた。これを「ノミナルアン

カー」という。この場合は，中央銀行の行動が客観的に分かりやすくなるため，クレディビリティの低下は避けられる。

　クレディビリティを向上させる施策の一つが，既述のインフレターゲティングである。ノミナルアンカーとは言えないが，具体的なインフレ目標を明示することで，中央銀行の行動を期待しやすくなる。これが金融政策の有効性を高める。

② テイラー・ルール

　時間的不整合のマイナス効果を抑制する考え方で，「テイラー・ルール」がある。テイラー・ルールは経済学者ジョン・テイラーが提唱したもので，中央銀行がコントロールする短期金利の金利運営の目途とされている。定義式は簡単である。

◇短期金利目標＝長期平均実質金利＋インフレ率＋0.5×GDPギャップ＋
　0.5×(インフレ率－目標インフレ率)

　長期平均実質金利がベースとなり，これにインフレ率が加わることで名目金利となる。需要不足によりGDPギャップがマイナス，つまりデフレギャップの場合は金利を下げる方向に作用する。最後の項はインフレ率とその目標値のギャップであり，インフレ率が目標に達していなければ，これも金利を下げる方向に働く。

6　(補論) アベノミクス第1の矢について

1) アベノミクスと金融政策の目標

　アベノミクスは，金融政策，財政政策，成長戦略の3本の柱から構成されるが，日本銀行による金融政策は第2次安倍政権発足後から最も注目された論点であった。

第12章 金融政策

　デフレ脱却を政権の重要な眼目とするなか，金融政策の目標として掲げられたのが，消費者物価指数2％上昇である。この目標達成に向けて「異次元緩和」と呼ばれる大胆な金融緩和政策がとられた。

　異次元緩和の内容としては，国債の積極的な買入れによるマネタリーベースの大幅増加，株式（ETF）や不動産投資信託（J-REIT）などのリスク資産の買入れ，成長融資を手掛ける銀行への低金利貸し付けなどがある。

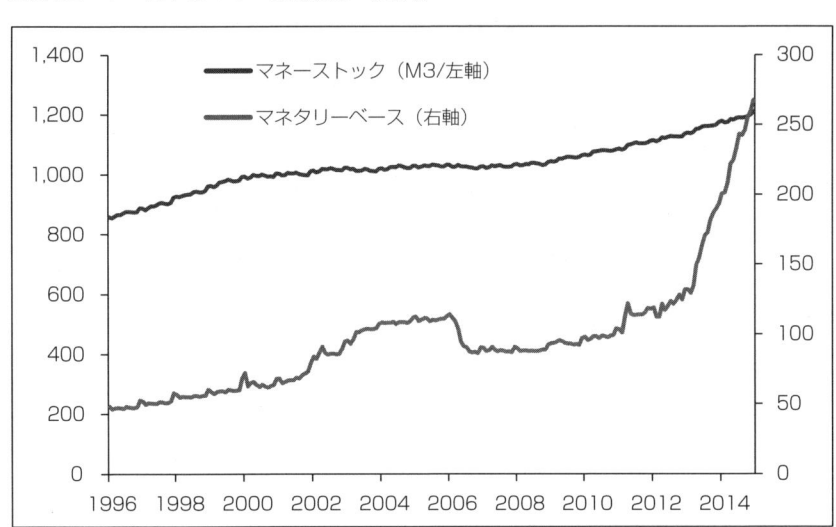

図表12−1　日本のマネー指標推移（兆円）

出所：日本銀行データに基づき筆者

　こうした異次元緩和の狙いとして，「ポートフォーリオ・リバランシング効果」がある。積極的な国債の買い入れにより，銀行が抱える安全資産である国債を吐き出させ，貸出にシフトさせる流れを促すことを目的としたものである。

　第二には「時間軸効果」あるいは「コミットメント効果」である。超低金利状況が長期化するという期待を市場に抱かせることを目的とする。

　このほか，暗黙のうちには円高是正や，資産価格（株や不動産の価格）の上昇期待を経済全体に持たせることで，景気の浮揚効果を狙うものが考えられる。

資産効果とは，緩和による株式市場や地価上昇により，消費者の保有資産の価値を引き上げ，マインドを明るくすることも含めて，消費を喚起するもの。経営不振企業の保有不動産の含み益を増加させるような，バランスシートを改善させる効果もあるため，消費者ばかりでなく企業に直接あるいは間接的にプラスの働き掛けをする。

　実際，2012年暮れ以降の株式相場の上昇により，消費が活性化したほか，雇用環境の大幅な改善にもつながるなど資産効果が景気浮揚につながった。

2） IS－LM分析による評価

　利子率低下により投資が刺激され産出量が増加すると$M\uparrow \bar{V}=\bar{P}Y\uparrow$となる。その後，貨幣数量説に基づき$M\uparrow \bar{V}=P\uparrow \bar{Y}$となり，物価は上昇するはずである。

　しかし，日本経済の実態としては，「流動性の罠」により，超低金利下においてマネーの流通速度が低下し，マネタリーベースの増加の影響を打ち消してしまうため，物価が上がらない（$M\uparrow V\downarrow =\bar{P}\bar{Y}$）。

第13章　経済成長

1　成長の原動力

1）経済の成長とは

　日本は1960〜70年代にかけて高度経済成長を果たした。では，経済成長とは何か？それは国民所得あるいは産出量の増加である。GDPは，名目GDPと基準年の価格をもとに計算された実質GDPがあるのは既に説明した通りである。物価上昇率をGDPから求めたものがGDPデフレータというものであり，今年の名目GDPを今年の実質GDPで割ったものに100を掛けたものが今年のGDPデフレータになる。今年の物価上昇率は今年のGDPデフレータから昨年のGDPデフレータを引いて計算される。

　たとえば，経済が産出するものがバナナのみとし，2年前の産出量が1,000房（価格1房100円），1年前の産出量が1,050房（価格1房102円），今年の産出量は1,100房（価格1房105円）とする。実質GDP産出の基準年を2年前とする。

◇2年前の名目GDP＝1,000房×100円＝100,000円
　2年前の実質GDP＝1,000房×100円＝100,000円
　2年前のGDPデフレータ＝100,000／100,000×100＝100

◇1年前の名目GDP＝1,050房×102円＝107,100円
　1年前の実質GDP＝1,050房×<u>100円</u>＝105,000円
　1年前のGDPデフレータ＝107,100／105,000×100＝102

◇今年の名目GDP＝1,100房×105円＝115,500円
　今年の実質GDP＝1,100房×<u>100円</u>＝110,000円

今年のGDPデフレータ＝115,500／110,000×100＝105
　→これらにより，今年の物価上昇率は，105／102－1＝2.9％と計算される。
　→今年の名目GDP成長率は，115,500／107,100－1＝7.8％である。
　→今年の実質GDP成長率は，110,000／105,000－1＝4.8％である。
　→この関係は，名目GDP成長率(7.8％)≒実質GDP成長率(4.8％)＋物価上昇率（2.9％）と書ける。

したがって，以下の関係が成り立つ。名目GDP成長率を引き上げる要素として，物価上昇と実質的な経済成長が存在しているのである。

◇名目GDP成長率≒実質GDP成長率＋物価上昇率

なお，完全雇用が実現している状況でのGDPを潜在GDPと呼び，その成長率を潜在成長率という。全体の供給能力が需要を下回る，非自発的失業者が存在している状況では，GDP＜潜在GDPとなり，その格差を「デフレギャップ」という。需要が不足している状況では，需要そのものが経済成長率になるが，需要が十分に足りている状況では，生産能力により制約される供給サイドが成長の限界となる。人口が減少し，労働力が十分に供給されなくなる場合は，成長率の天井が徐々に下がってくる。では，成長の要因は何であろうか？

2）経済成長の要因

経済成長の要因としては，人口増加（労働力増加），資本ストック増加（生産設備などの増加），技術革新（生産効率の向上）が挙げられる。そもそも所得（産出量）は，需要と供給の均衡により決定されるが，産出量の限界は生産要素（労働力，資本ストック）と技術革新のレベルで規定されてしまう。

成長途上国のように，貪欲な需要が湧いてくるような状況であれば，これに見合うだけの生産能力がなければ，それ以上の成長は望めない。一方で経済が成熟し，景気後退などにより需要が縮小する状況においては，生産能力は過剰

となり，需要が成長を決めてしまう。

経済成長率は以下の簡単な式で表現できる。

◇経済成長率＝人口成長率＋1人当たり実質GDP成長率

これを潜在成長率の観点から考えると，1人当たりのGDP成長率は，生産性の向上と稼働時間により説明できるので，1人当たりの所得成長率は以下の式で表される。

◇1人当たり所得成長率＝労働生産性上昇率＋1人当たり労働時間増加率
　※　労働生産性＝労働時間1時間当たりの産出量

　日本は少子高齢化が進み，将来にわたって人口減少が見込まれている。このため，需要面での減少が見込まれる一方，生産力そのものも労働力の減少により低下を余儀なくされる。しかし，高齢者や主婦など労働力人口に加わっていなかった層が労働に参画することとなれば，後者に関しては解消される。アベノミクスの経済政策における「女性の活躍」はまさに潜在成長率の底上げを図るものである。

　需要面においても，こうした新たな労働力の社会参画により呼び起こされる可能性はある。高齢者が金融資産を消費しないまま人生を終えてしまう「死に金」の存在がある。2008年11月の総合研究開発機構（NIRA）が発表した『家計に眠る「過剰貯蓄」～国民生活の質の向上には「貯蓄から消費へ」という発想が不可欠』という白書によると，意図せざる遺産，つまり活用しないまま遺産と化してしまった貯蓄が150兆円単位で存在するという。労働参画を含めライフスタイルを変えていくことで，消費を活性化させ需要を掘り起こす鍵が少子高齢化の時代でも存在しているのではないか。

3) 日本の低成長要因

今世紀に入ってからの日本の名目GDP成長率は，2014年までで年平均−0.47％とマイナス成長となっている。主因は物価下落であり，同時期の年平均物価下落率（GDPデフレータベース）は−1.25％であった。したがって，名目成長率から物価上昇率を控除した実質成長率はかろうじてプラス成長となったが，1％に満たない低空飛行が続いている。また，潜在成長率も1％をやや下回る水準であった。

こうした日本の低成長の要因を考えてみよう。潜在成長率も低成長であった点を踏まえ，供給サイドから考えよう，大きく以下の3点が考えられる。

① 少子高齢化による労働力低下：言うまでもなく労働力人口の減少は供給能力を低下させた主因である。

② ゆとり志向による労働時間減少：高度経済成長期には「モーレツ・サラリーマン」という言葉に象徴される長時間労働があったが，週休二日の定着など，働くことと生活のゆとりとのバランスを考える傾向となり，労働時間の減少を招いた。

③ 技術革新の停滞：電機産業をはじめとして，技術力の高さが日本の産業を支えてきた原動力であったが，革新的な技術の陰りが見えてきた。

一方で，需要サイドにも問題があったように考えられる。

① デフレの定着による時間選好：持続的な価格下落は，人々の消費の先送りを促す。待てば価格の下落が予想できるため消費が盛り上がらない。消費が低調のため更なる価格下落を招き，デフレスパイラルという状況に陥った。生産抑制による雇用環境の悪化は，消費を更に抑制させた。

② 不確実性の拡大：年金支給年齢の先送りなど，老後に不安を抱える人々が増え，消費を手控え貯蓄に回し，限界消費性向が低下した。

③ 政権基盤の不安定：政権の迷走は，年金問題ばかりでなく生活の先行きにも不安を募らせる効果をもたらし，需要を圧迫した。

こうした問題を克服するために，「デフレ脱却のための金融政策」，「内需拡大のための財政出動」，「女性の労働参画を含めた社会構造改革」などを柱とするアベノミクスは相応に合理的な経済政策と言えよう。ただ，その成否は政権基盤の安定化と，将来に対する期待感の向上をもたらすかどうかにかかっている。

図表13－1　日本のGDP成長率推移

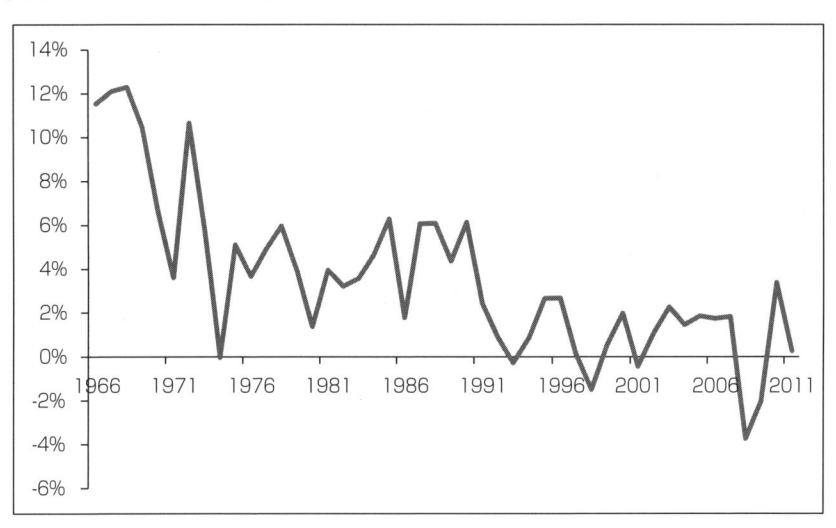

出所：内閣府

2 人口ボーナスと人口オーナス

1) 人口ボーナス

　人口ボーナスとは，人口構成の変化が経済成長にプラス影響する状態であることを言う。具体的には，労働力人口の割合が増えていくことによって，需要サイドからも供給サイドからも経済成長を促す効果を指している。人口構成は，人口全体がもたらす生産力や需要と，社会保障などの負担それぞれに影響する。

　人口は，生産年齢人口（15～65歳）とそれ以外の従属人口に区分される。人口全体をひとつの家庭とすればわかりやすい。6人家族で，うち4人が働きに出ていて，1人が幼児で1人が高齢者とする。勤労者の4人は家族6人を食べさせる収入を稼いでくる。2人の稼ぎ手で1人を養う状況である。一方，4人家族で働き手が1人で残りが高齢者としよう。1人の肩に3人が乗っている状況である。生産年齢人口の割合が高くなれば，生産能力も上がり，内需も拡大する。財政的にも，社会保障費が比較的軽く，大きな税収で十分に賄えるため，財政負担が軽くなる。

　日本においては，1950年代までは高齢者は少なかったものの，生産年齢に満たない若年層の比率が高かった。その後1960年代に生産年齢人口増加が，従属人口を継続的に上回る「人口ボーナス」の時期を迎えた。1980年代までこの局面が続き，日本経済は人口ボーナスによる経済成長を享受した。

図表13-2　日本の人口推移

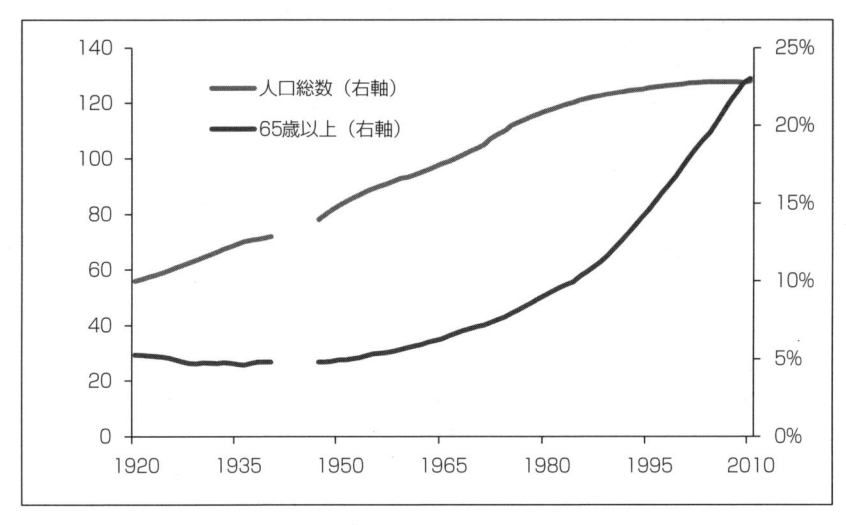

出所：内閣府

2）人口オーナス

　人口構成の変化が経済成長にマイナスの影響を与える状態のことを「人口オーナス」という。オーナスは英語で重荷や責任といった意味がある。日本のように少子高齢化が進むと，従属人口の増加が生産年齢人口の増加（あるいは減少）を上回ることにより，人口全体を支える労働力の割合が低下してしまうこととなる。

　人口オーナスの局面に入っていくと，税収が減少する一方で社会保障費が増大するなど財政が悪化するほか，生産能力が低下し潜在成長率の低下を招く。

　日本では，1980年代までで人口ボーナス期は終わり，人口オーナス期に入って久しい。人口オーナス期に入った国が経済成長するには，既述の通り既存の非労働力の労働力化を進めていくことが何よりも重要である。また，財政面では社会保障費の構造的な改革が避けられない。ただ，改革のやり方としては，

単なる給付の削減ではなく，長野県が健康増進事業で高齢者の医療費大幅削減に成功したように，国民の厚生が阻害されない範囲での工夫の余地はあるだろう。

3 真の豊かさとは

1) GDPや経済成長は豊かさの尺度か

　経済成長は，人々の暮らしを向上するのに重要な役割を果たしていることは疑問の余地はない。経済成長による貧困の撲滅は，人々の幸福を高めることになる。経済発展による医療の充実は，人々の安心を大きなものとするほか，伝染病などの蔓延による国民経済への打撃を避けるのに不可欠である。

　しかし，GDPで測られた経済規模や経済成長率の大きさは，人々の幸福と本当に整合的と言えるのだろうか？ 2011年に来日し話題になったブータン国王夫妻は記憶に新しい。以下，ブータンが政策指標として掲げるGNH（Gross National Happiness／国民総幸福量）を参考としながら，この点について議論したい。

2) ブータンの国是

　ブータン政府観光局のホームページ（http://www.travel-to-bhutan.jp/）には，GNHを政策指標に掲げる同国の考え方が明確に示されている。以下，これを引用する。

【ブータン政府観光局「国民総幸福量」について】
○　第三代国王のジグミ・ドルジ・ウォンチュック陛下は，発展のゴールは『国民の繁栄と幸福』であるという考えを表しました。1971年にブータンが国連に加盟した際の国王のスピーチでは，『繁栄と幸福』が強調されました。この考えは，第四代国王のジグミ・シンゲ・ウォンチュック陛下がさらに練り上げ，彼は国王に就任した年に『我々の国の方針は，国や国民の為に経済

的独立，繁栄，幸福を実現し国をまとめることだ』と語りました。
○　繁栄と幸福，両方が強調されていますが，幸福の方がより大切だとされています。第四代国王は，ブータンにとってはGDPよりもGNHの方が重要だと強調しました。GNHは今や世界中の様々な分野の専門家，学者，政府関連機関によって具体化されてきています。
○　第四代国王は，国家の問題が経済成長だけに特化されることを心配し，ブータンで優先するべきなのはGDPではなくGNHだと決めました。そして，国の発展の度合いをGNHで測ることを提唱しました。彼は，豊かであることが必ずしも幸せではないが，幸せであると段々豊かだと感じるようになる，と言っています。一般的な発展が，経済成長を最終目的として強調するのに対し，GNHの概念は，人間社会の発展とは，物質的な発展と精神的な発展が共存し，互いに補い合って強化していったときに起こるものだ，という考えに基づいています。

ブータン政府が掲げるGNHの四つの柱は，①公正で公平な社会経済の発達，②文化的，精神的な遺産の保存，促進，③環境保護，④しっかりとした統治，などとなっている。

2005年の同国の国勢調査では，国民の97％がしあわせであると回答している。

3）　GNHの考え方

ブータンではこのGNHを計測指標として，①基礎的な生活，②文化多様性，③精神衛生，④健康，⑤教育，⑥時間の使い方，⑦自然環境，⑧コミュニティーの活力，⑨良い政治，の9項目を用いている。

残念ながら簡単には数値化できるものではないが，そもそも幸福の数値化そのものが難しいのであって，政府が政策的な判断を下す際の，価値基準として考えれば，経済成長では測れない国民の幸福を政策的に導くことができるのではないか。

第14章　景気循環

1　景気とは

1) 景気の定義

　景気とは，経済活動全体の活発さを表現する言葉として使われている。景気が良いとは経済活動が活発に行われているときであり，株価も上がり給料も増える。こうした経済環境ではそこに生活する人々の気持ちも上向いてくる。景気の「気」は気持ちあるいは気分の「気」である。雰囲気を示す空気の「気」でもある。経済活動は，活発化するから人々の気分が向上するだけではなく，人々の気持ち（センチメント）が改善した状況で景気がよくなる場合も少なからずある。

　景気が良好な状況を好景気あるいは好況，悪化した状況を不景気あるいは不況と呼んでいる。景気は，上昇と下降を繰り返しているが，このような変動が繰り返し発生することを「景気循環」という。

2) 景気動向指数

　景気の状態を判断する材料として，様々な経済指標がある。景気の先行きを予想するのに使われているのが，「先行指数」，足元の景気の状況を把握するために用いられるのが「一致指数」，過去の景気の実態を把握するための指標が「遅行指数」である。内閣府は，様々な指標を組み合わせて各指数を計量し発表している。

① 先行指数：
最終需要財在庫率指数，鉱工業生産財在庫率指数，新規求人数（除学卒），実質機械受注（船舶・電力を除く民需），新設住宅着工床面積，耐久消費財出荷指数，

消費者態度指数，日経商品指数（42種総合），長短金利差，東証株価指数，投資環境指数（製造業），中小企業売上げ見通しD．I．の計12項目

② 一致指数：

生産指数（鉱工業），鉱工業生産財出荷指数，大口電力使用量，稼働率指数（製造業），所定外労働時間指数（製造業），投資財出荷指数（除輸送機械），商業販売額（小売業），商業販売額（卸売業），営業利益（全産業），中小企業売上高（製造業），有効求人倍率（除学卒）の計11項目

③ 遅行指数：

第3次産業活動指数（対事業所サービス業），常用雇用指数（製造業），実質法人企業設備投資（全産業），家計消費支出（全国勤労者世帯，名目），法人税収入，完全失業率の計5項目

図表14－1は，内閣府が発表している景気動向指数（コンポジット・インデックス）の推移である。景気の循環の様子が，グラフの山や谷の形状から理解できるだろう。

2　景気循環

1）波　長

景気循環は，そのサイクルの長さによって様々な種類がある。主な景気循環の種類は，短いものから順番に，キチン・サイクル（40か月，在庫投資の波），ジュグラー・サイクル（10年，設備投資の波），クズネッツ・サイクル（20年，建設投資の波），コンドラチェフ・サイクル（50年，技術革新の波）がある。

① キチン・サイクル：約40か月の短い周期で，このサイクルを指摘したジョセフ・キチン氏の名前にちなんだ。主に企業の在庫投資の変動に起因

第14章 景気循環

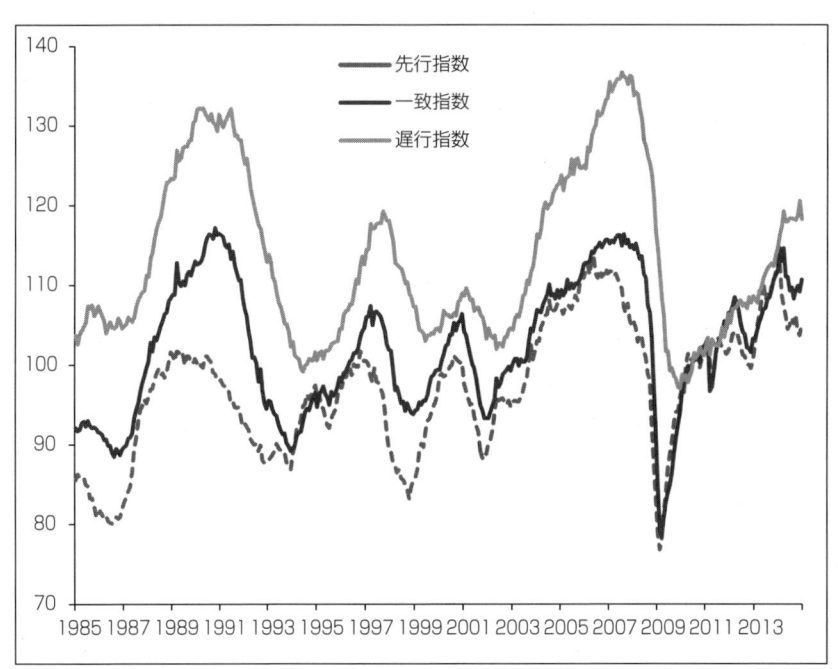

図表14-1　日本の景気動向指数の推移

出所：内閣府

すると見られる。

② ジュグラー・サイクル：約10年の中期波動で，クレメンス・ジュグラー氏が指摘した。企業の設備投資に起因すると見られる。これは機械設備等の耐用年数が10年程度という考え方による。

③ クズネッツ・サイクル：約20年の長期波動。サイモン・クズネッツ氏による。住宅など建築物の建て替えに伴う建設投資に伴うサイクルと考えられる。

④　コンドラチェフ・サイクル：50～60年の超長期波動。ニコライ・コンドラチェフ氏による。資源，技術革新，マネーストック，戦争や内乱，の四つの要因が絡み合うなかで発生する構造変化が背景と見られる。

2）　太陽と景気

　ウィリアム・ジェヴォンズは，経済恐慌と太陽の黒点の関係についての論文を1876年「ネイチャー」に発表した。以降，今日に至るまで太陽の活動と景気変動との関連性については多くの論文が出されている。

　太陽の活動が活発化すると，黒点の数が増える。黒点の数と経済活動とが正の相関性があるというのが主な指摘である。太陽の活動は周期性があり，太陽の周期は11年と言われている。また，200年に一度太陽の大周期と呼ばれる黒点数の極小期を迎える。最近の極小期は1900年前後であり，次回は2100年ごろの見通しである。11年周期としては，景気循環としてはジュグラーサイクルに近い。

　では，なぜ太陽の活動と景気が連動するのだろう？直感的には太陽の活動の活発化による天候への影響だろう。しかし，気象学，地学や天文学の世界でもこの関連付けは難しいようである。様々な説があるが，太陽からの宇宙線（高エネルギーの放射線）によるホルミシス効果は興味深い。放射線は一般的には有害とされているが，この放射線によるホルミシスとは，低線量では生物活性を刺激する効果があるという仮説である。このホルミシス効果が農作物を始め人々の感性にも働きかけ，経済が活発化するという説がある。真偽のほどは今後の研究を待ってみなければならないが，太陽という自然界での働きが経済という社会科学の世界に作用するというのは神秘性があって面白い。

第15章　国際経済学

1　国際取引について

1）　鎖国と開国

マクロ経済学を学ぶときは「閉鎖系」モデルが最初に登場し，「開放系」がこれに続く。閉鎖系とは，一つの国で完結される経済活動を想定しているため，他の国や地域との交易を分析対象から便宜的に外している。しかし，現実的にはほとんどの国が外国との貿易を始めとする交流を行っているため，開放系を前提とすることが自然であろう。本章では，国際的な財やサービスの取引を始め，おカネの国境を越えての流れについて学ぶ。

閉鎖系モデルと言われるとイメージされやすいのは，江戸時代の「鎖国政策」であろう。鎖国は，一般的には江戸幕府において1633年の鎖国令（一部を除く外国船の入港禁止ならびに日本人の海外渡航禁止措置）から1854年の日米和親条約締結までの期間を指す。しかし，欧州を中心とする外国産品（当時としては輸入が禁じられている「禁制品」）の密輸が横行していた。

これは，日本国内では生産されていない物品の希少性などが背景となっている。しかし結果的には，江戸幕府の弱体化と，欧米からの圧力に逆らうことはできず，黒船来航をきっかけに開国への道をたどることとなった。

2）　開放経済のメリット，デメリット

開放系の経済がスタンダードとなっている背景としては，国内で閉じこもるよりも，海外に門戸を開いたほうが，メリットがあるからである。

では，閉鎖経済と比べての開放経済の主なメリットおよびデメリットを挙げてみよう。まず，メリットである。農業生産物のような一次産品が最も優しい例である。海外でしか収穫できない一次産品を輸入することにより，消費対象

のレパートリーが増え，人々が感じる幸福感も増える。また，生産性の違いもある。1人が畑を耕して収穫できる農作物が，海外の方が多いかもしれない。そうすると，より安い価格で良質な商品を購入できる可能性が広がる。逆に工業製品などの二次産品も同様のことがいえる。技術革新の違いにより，他国の技術で生産された優れた商品に接する機会が増える。このほかにも，おカネ（資本）が不足しているため，経済成長ができない国が，海外から資本を取り入れることによって，成長を可能にする場合もある。

　デメリットもある。生産性や競争力が他国に比べて低い産業は，海外からの低コスト，高品質の商品の参入により，衰退の危機にさらされる。こうした論点は，日本政府が進めてきたTPP（環太平洋戦略的経済連携協定）の反対理由として頻繁に取り上げられるものである。この点については第3節で議論する。また最近は，「地産地消」が流行っている。フードマイレージ（食品が口に入るまでの移動距離）も，エネルギー節約の観点から注目されている。これは閉鎖経済に近い発想である。この視点は，エコロジーの観点からも食糧安全保障の観点からも重要である。しかし，だからと言ってすべての食糧貿易を否定するものではない。貿易により，貧しい国の所得水準を引き上げることもあれば，優れた海外の産品の登場により，品質やコストの向上努力が刺激されることもある。何事もほどほどが大切である。

3） 国際的な取引の種類

　国際取引には，物品の貿易ばかりではなく様々な種類がある。最も一般的なのは物品の売買を指す「貿易」である。また，サービスの提供・受取りを指す「役務取引」も重要な国際取引である。具体的には，コンサルティング契約や船舶や航空による運輸契約などが分かりやすい。広い意味では，映画の配給や知的財産権の取引などもこうした取引の一環と見なせる。

　こうした財やサービスの取引以外には金融取引がある。銀行が国境を越えて貸出を行ったり，貿易取引の関連で将来受け取る代金を期日前に資金融通したり，貿易に必要な信用（万が一，買主が商品を受け取ったにもかかわらず代金を支払

えないときに，銀行が肩代わりするもの）を与えたりする金融取引が基本的な取引である。

これに類似したものが，投資である。投資には「直接投資」と「間接投資」の二種類がある。直接投資は，海外に工場を作ったり販売店網を設けたりする進出に係る投資である。間接投資とは，海外で発行された株式や債券などの有価証券を購入することが主な投資である。

2 国際収支

1) 国際収支とは

収支というのは，受取りと支払いのネット（差額）を示す。1年間の収入であるお給料の受取りが200万円で，支出である消費が300万円であれば，収支は100万円の赤字である。国際収支は，ある国が海外との取引の結果として支払いと受取りを行って結果の帳尻を示している。

国際収支は，経常収支，資本収支，外貨準備増減，誤差脱漏の主要4項目から構成されている。

経常収支は，貿易収支（輸出－輸入），サービス収支（サービス授受による金銭の受取り－支払い），第一次所得収支（対外投資から発生する利息や配当金の受取り－海外からの国内投資に伴う利息や配当金の支払い），第二次所得収支（寄付や贈与，援助など対価を伴わない資金の授受）から構成される。

資本収支は，居住者と非居住者の間で行われた資産・負債の授受を計上するもので，投資収支とその他資本収支から構成される。

外貨準備増減は，日銀や政府が保有する外貨の残高の増減を指し，誤差脱漏は上記3項目の合計がプラスマイナスして国際収支が均衡しない場合の調整項目である。

以下，財務省の定義に従って，各収支項目の内容を説明しよう。

◇経常収支

A　貿易・サービス収支

　定　　義：貿易収支及びサービス収支の合計で，実体取引に伴う収支状況を示す。

　貿易収支：財貨（物）の輸出入の収支を示す。国内居住者と外国人（非居住者）との間のモノ（財貨）の取引（輸出入）を計上する。

　サービス収支：サービス取引の収支を示す。たとえば，輸送（国際貨物，旅客運賃の受取・支払），旅行（訪日外国人旅行者・日本人海外旅行者の宿泊費，飲食費等の受取・支払），金融（証券売買等に係る手数料等の受取・支払），知的財産権等使用料（特許権，著作権等の使用料の受取・支払）が含まれる。

B　第一次所得収支

　定　　義：対外金融債権・債務から生じる利子・配当金等の収支状況を示す。

　直接投資収益：親会社と子会社との間の配当金・利子等の受取・支払を言う。
　証券投資収益：株式配当金及び債券利子の受取・支払を言う。
　その他投資収益：貸付・借入，預金等に係る利子の受取・支払を言う。

C　第二次所得収支

　定　　義：居住者と非居住者との間の対価を伴わない資産の提供に係る収支状況を示す。官民の無償資金協力，寄付，贈与の受払等を計上する。

◇資本収支

　定　　義：居住者と非居住者の間で行われた資産・負債の授受を計上する。
　投資収支：直接投資に係るものと間接投資に係るものがある。前者は，経営への支配を目的とした投資（原則出資比率10％以上）から海外

から受け入れた直接投資の金額を差し引いたもの。後者は，貸出・借入，証券の発行や購入などに伴う資金流入額から流出額を差し引いたものである。銀行の海外での貸出や債券・株式の購入は資金流出，国内企業が発行する社債が海外投資家に買われた場合は，資金流入となる。

その他資本収支：資本移転（固定資産の取得・処分にかかる資金の移転等），その他の資産の動きを計上する。

D 外貨準備増減

定　義：外貨準備とは，日銀や政府が保有する外貨の残高である。日銀が外為市場における市場介入による外貨購入や支払い準備の増減や，政府が保有する外債の利子の受取，円安による政府保有通貨の価値増加などによって増減する。財務省発表の国際収支総括表では，準備高増の場合は資金の流出であるためマイナス，準備高減の場合は流入のためプラスで表記される。外貨準備は対外資産ではない点に注意。

2) 国際収支の見方

為替介入を行わず，円安や外債利息の受取りをゼロとするならば，基本的に経常収支と資本収支の合計はゼロとなる。つまり，経常収支の赤字分は資本収支の黒字により補完され，その逆も可なりということである。簡単な例を取り上げよう。たとえば，経常収支が貿易収支によりのみ構成されている状況を考える。輸出により稼いだ資金を一家の収入，輸入により購入したものに費やしたお金を支出とすれば，輸出以上に輸入が増えると，その家計は赤字になる。赤字になれば，お金を借金などにより用立てなければならない。

資本収支は海外から流入する投資資金と流出する投資資金の差額であるため，流入が勝った場合は海外からの借金に見立てることができる。家計の赤字を借金で賄う構図と同じである。したがって，経常収支の黒字ないし赤字は，資本

収支で原則的に賄われることとなる。
　では，経常収支は黒字であるほうがいいのか？確かに日本企業の国際競争力が高く，結果として貿易黒字が増える一方，海外でのビジネスの果実を国内に還流させることにより所得収支が増えれば，国としての力が高まっていくイメージはある。しかし，逆に国際競争力がなくても経常収支を黒字にする方法は，不況にすることである。不況になれば，輸入が細っていくため，貿易収支が改善することとなる。それは国民経済的に必ずしも良いことではない。また，貿易不均衡が過去において，日米や日欧の政治的な摩擦に繋がってきた歴史もある。

① アブソープション・アプローチ

次に，国民所得の章で取り扱った支出サイドの基本式から説明しよう。
a) $Y = C + I + G + Ex - Im$
b) ここで $C + I + G \equiv A$ として A を内需と呼ぶ。英語ではアブソープションといわれる。
c) $Ex - Im = Y - A$ と書くことができ，A を上回る国内総生産は海外の需要（外需）で吸収され，経常黒字になる。

これが，アブソープション・アプローチと呼ばれる説明方法である。

② ISバランスアプローチ

総需要と総供給から考えると，
a) 総需要 $Y = C + I + G + (Ex - Im)$ で総供給 $Y = C + S + T$
b) 両者は一致するので，$(Ex - Im) = (S - I) + (T - G)$ で，経常収支黒字＝民間部門の貯蓄超過＋政府部門の黒字となる。
c) 日本の経常黒字は貯蓄超過が原因だという指摘がこれからなされた。

80年代から90年代前半にかけて，アメリカは財政赤字と経常赤字の「双子の赤字」を抱えていた。これもこのアプローチから説明できるが，このためアメリカが日本に公共投資をやるように圧力をかける場面もあった。

3） 我が国の国際収支の軌跡

図表15-1は暦年ベースの国際収支の推移である。まず，経常収支と資本収支の動きを見てみよう。日本は恒常的に経常収支の大幅な黒字が続き，その片側として資本収支の赤字が常態化していた。しかし，ここ数年で両者が急速に萎んできたのがわかる。

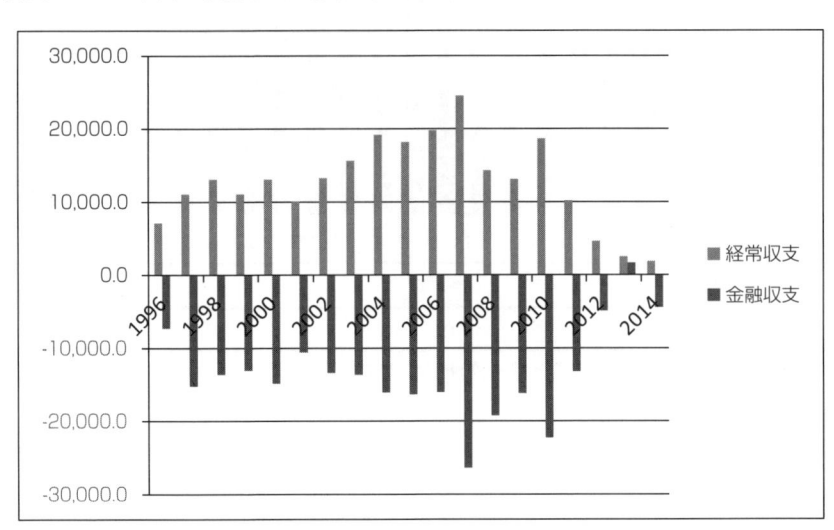

図表15-1　日本の国際収支の推移（10億円）

出所：日本銀行

経常収支の中身を見てみよう。2011年から急激に輸入が増え，輸出の増加を上回ったため，貿易収支が赤字に転落した。これは2011年3月の東日本大震災をきっかけとして，沖縄電力を除く日本全国の電力会社の原子量発電が操業を停止したために，代替電源として火力発電が急増したことが背景にある。特に液化天然ガス（LNG）の調達コストが大きく，エネルギー資源の輸入が急拡大したことが一つの理由である。

加えて，アベノミクスによる景気回復と2014年4月の消費税引き上げ前の駆

け込み消費の影響として，輸入品が増えたことも一因である。

図表15-2　日本の貿易収支の推移（10億円）

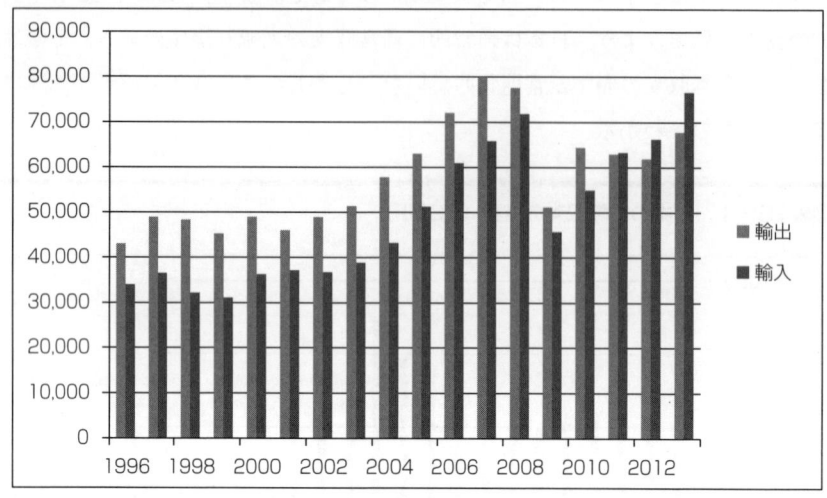

出所：日本銀行

図表15-3　日本の貿易収支と第一次所得収支の推移（10億円）

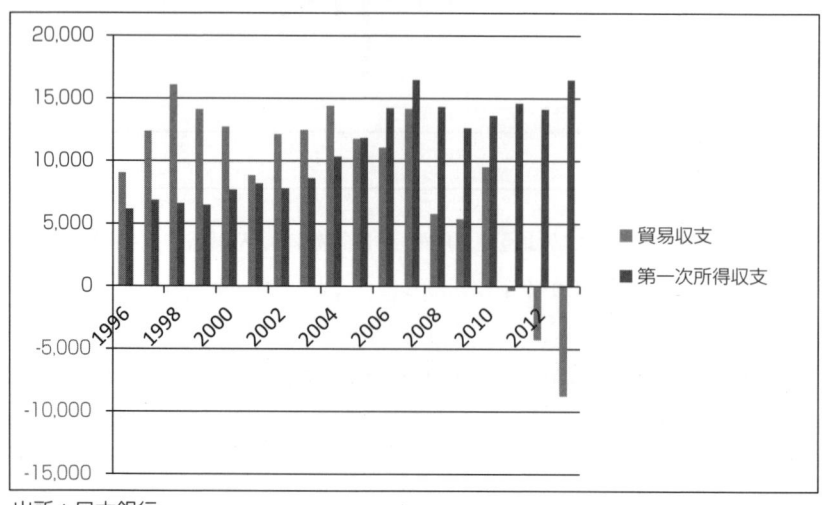

出所：日本銀行

資本収支はどうなっているのか。資本収支の構成要素の変化を見てみると，特に目立った傾向は見いだせず，ランダムな変化に見える。ただし，2013年を見てみると証券投資の赤字幅が急増しているのが確認できる。これはアベノミクスに期待した海外投資家が，日本株投資を大幅に増やした結果と見ることができる。

　もうひとつ重要な視点は，対外純資産である。国際収支というのはお金の流れで「フロー」の部分であるが，対外資産や対外負債，その差額の対外純資産は「ストック」の概念である。経常収支の黒字は，対外資産を増加させ，結果として純資産である外貨の持ち分を増やすことになる。2013年末で325兆円を超過しており，経常収支の悪化が日本の「対外純資産大国」の地位を揺るがすレベルではないと見てよい。

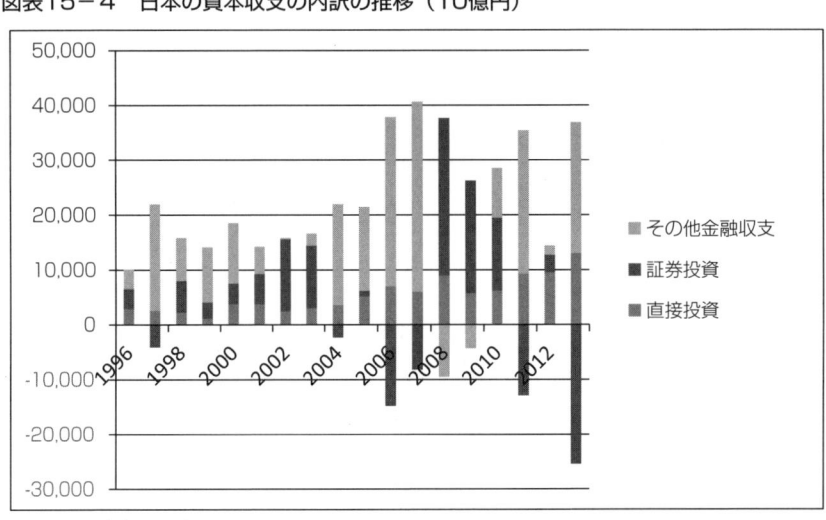

図表15-4　日本の資本収支の内訳の推移（10億円）

出所：日本銀行

図表15-5　日本の対外純資産（兆円）

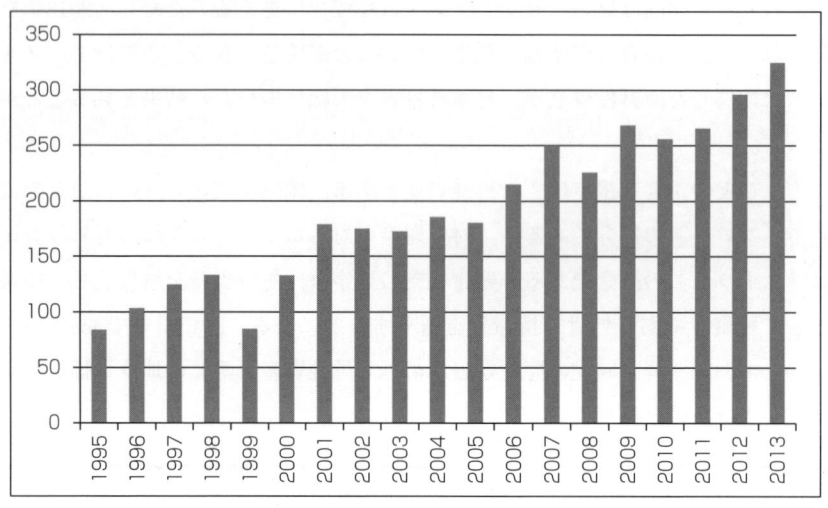

出所：日本銀行，財務省

4) 貿易立国と開放度

　日本は石油やガスの産出が微小な資源小国であり，工業製品を海外で売りさばくことで経済を切り回していく「貿易立国」という呼ばれ方をされてから久しい。しかし，本当に貿易立国なのか？

　図表15-6と15-7は，輸出と輸入の合計額をGDPで割った計数を国ごとに比較したものである。これを「開放度」という。ヨーロッパはEUという共通の経済圏にあることや，多くの国が地続きであるため歴史的に他国との交易がさかんである。オランダ，ベルギー，ルクセンブルグのベネルクス三国は伝統的に貿易で経済が支えられている。アジアでは韓国の開放度が目立つ。

図表15-6 貿易開放度（貿易額合計／GDP，OECD諸国，2013年）

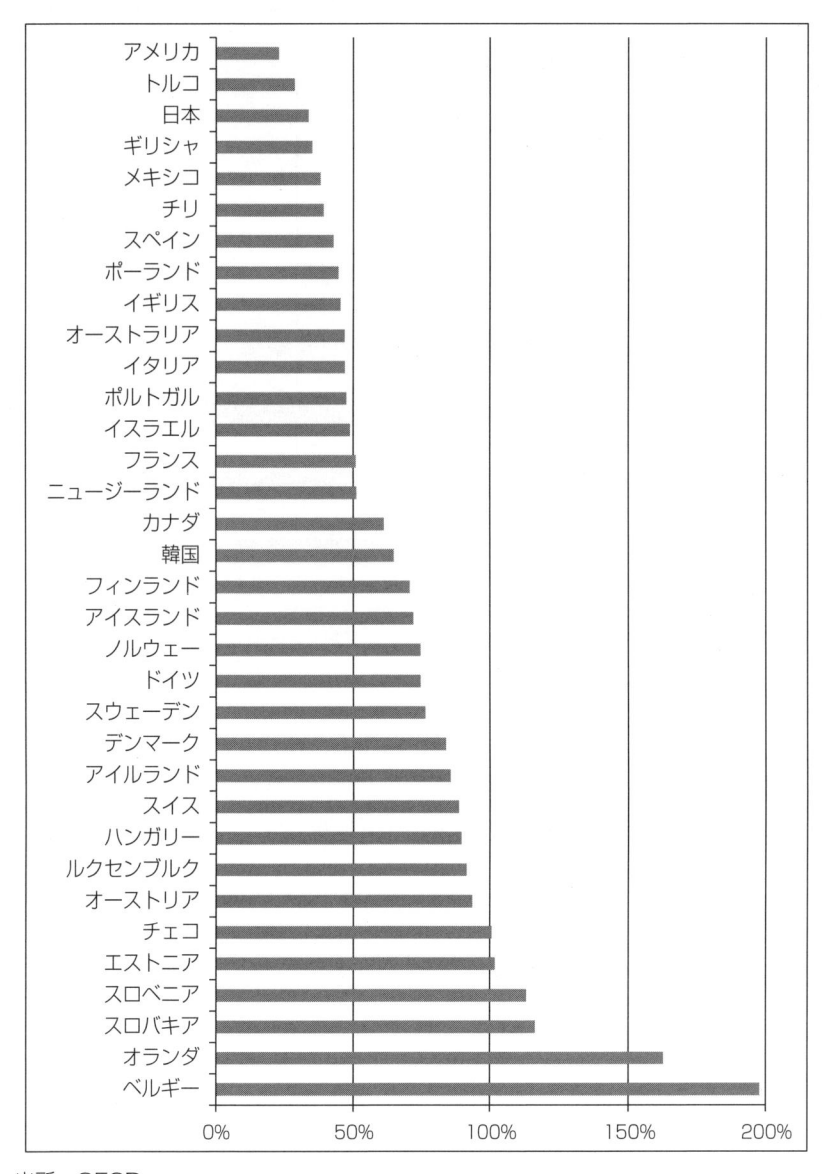

国	貿易開放度
アメリカ	約23%
トルコ	約30%
日本	約33%
ギリシャ	約35%
メキシコ	約38%
チリ	約40%
スペイン	約43%
ポーランド	約45%
イギリス	約45%
オーストラリア	約46%
イタリア	約47%
ポルトガル	約48%
イスラエル	約49%
フランス	約50%
ニュージーランド	約51%
カナダ	約60%
韓国	約63%
フィンランド	約70%
アイスランド	約72%
ノルウェー	約74%
ドイツ	約75%
スウェーデン	約76%
デンマーク	約83%
アイルランド	約85%
スイス	約88%
ハンガリー	約89%
ルクセンブルク	約90%
オーストリア	約93%
チェコ	約99%
エストニア	約101%
スロベニア	約113%
スロバキア	約117%
オランダ	約161%
ベルギー	約198%

出所：OECD

図表15－7　貿易開放度（貿易額合計／GDP，OECDのうち欧州以外，2013年）

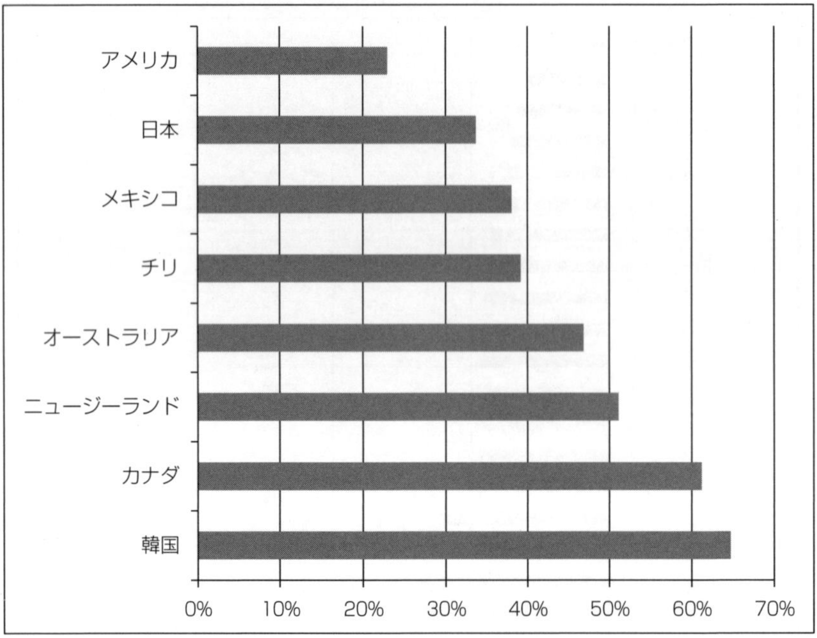

国	貿易開放度
アメリカ	約23%
日本	約33%
メキシコ	約38%
チリ	約40%
オーストラリア	約47%
ニュージーランド	約51%
カナダ	約61%
韓国	約65%

出所：日本銀行

　日本の開放度はアメリカ並みに低い。アメリカは日本に比べてエネルギー資源に恵まれているため，他国からのエネルギー依存度は日本に比べれば低い。これを差し引いて考えれば，日本の低さが更に際立つ。

　この点はTPPの節でも議論したい。

3　為替レート

1)　為替レートとは

　為替レートとは，異なる通貨の間の取引価格である。1ドルを買うのに100円支払わなければならないときは，1ドル＝100円が為替レートとなる。この状況で，逆に1円を買うときに何ドル必要かというと，1を100で割ればいい

204

ので1円＝0.01ドルとなる。我々は日本国内で為替レートを見る機会が多いので，1ドル当たり120円とか1ユーロ当たり140円とかなどといった表記になじんでいるが，海外に旅行に行って両替をしようとすると，多くの場合が1円当たり0.00833ドルとか1円当たり0.00744ユーロといった表示を目にする。非常に分かりにくいが，為替レートは両サイドから見ることができるので，「海外の通貨を買うには，いくらお金（自国の通貨）が必要か」という考え方をするため，こういう表記になってしまう。

このため，ニュース等で「1ドル100円から1ドル120円へ円安が進んだ」と聞けば，為替レートに馴染みのない人は，100円から120円に値上がりしたのに安くなるとはどういうことだ，と首をかしげるのも無理はない。これは，1ドルの値段が100円から120円に値上がりしたということなので，「ドル高が進んだ」という表現に変えれば納得しやすい。反対に，「1円0.01000ドルから1円0.00833ドルへ円安が進んだ」という表現を使えば同様に理解しやすいかもしれない。

為替レートは他の国の通貨で測った通貨の値段であるが，二つの通貨の交換比率という見方もできる。ここで「名目為替レート」と「実質為替レート」という二つの概念が出てくる。我々が馴染んでいるのは名目為替レートであり，1ドル100円などの表現はすべて名目為替レートである。

一方で，モノの値段の交換比率を踏まえたものが，実質為替レートである。片方の国で物価が上昇した場合に，名目為替レートが変わらなければ，もう片方の国から来た旅行者は余計なコストを払わなければ同じものが買えなくなる。これを為替レートに反映したものである。

　　　実質為替レート＝名目為替レート×物価水準比率

通常は過去の一時点をスタートラインとして，二つの国の物価上昇率の比率を当てはめて計算される。

2) 固定相場制と変動相場制

為替レートの制度には固定相場制と変動相場制がある。為替レートを1ドル

100円などに固定してしまうのが固定相場制で、市場の取引の結果決定されるものが変動相場制である。

そもそも為替レートの歴史をさかのぼると、金や銀などの貴金属を媒介として決められていた。最も簡単な計算方法は、金貨や銀貨に含まれる各金属の含有量をもとに通貨間の交換比率を決めるやり方である。江戸時代末期には、正式に日本の通貨（当時の両や分など）とアメリカのドルとの交換比率が暫定的に決められた。正式な開国のきっかけとなった日米和親条約締結（1854年）とその後の日米通商修好条約（1858年）の経過の中で、銀の含有量をもとに1ドルと一分銀3枚を等価交換するものさしとして日米の合意に至った。

近年1944年に国際復興開発銀行（IBRD）と国際通貨基金（IMF）が設立され、自由貿易や資本移動の促進を目的に金1オンス＝35ドルと定め、常にドルと金は交換可能とされた（ブレトン・ウッズ体制）。ここにドルを国際通貨（基軸）とするIMF体制が確立された。しかしドルの大量流失に伴い、1973年に先進各国は変動相場制へと移行した（ニクソンショック）。

3) 購買力平価説

マクドナルドのハンバーガーが日本で1個100円、アメリカで1個1ドルとする。日本で買ったハンバーガーをアメリカで売ることを考えると、ハンバーガーの交換比率は1：100なので、為替レートが1ドル100円であれば、アメリカでも日本でも同じ価格でハンバーガーを食べられることになる。

これは世界的な一物一価、つまり一つのモノの値段は世界のどこに行っても変わらないという発想に立っている。これが購買力平価説である。英語のPurchasing Power Parityを略してPPPと呼ぶことがある。

ただ、カネの移動は世界的な決済システムを通じて瞬時に行うことができるが、モノの移動には阻害要因がある。商品によっては輸送手段が限られる場合もあれば、消費が可能となる期間（賞味期限など）も影響するだろうし、自国の産業の保護政策による貿易障壁（関税など）が障害となることもある。このため、短期的に購買力平価が安定的に成立するのは難しい。このため、これが

完全に成り立つには少なくとも自由貿易が前提となる。

　なお，購買力平価をベースにした為替レートの算定方法を示すと，以下のようになる。

　　　日本円の購買力平価レート＝日本での価格(円)÷海外(たとえば米国)での価格(現地通貨)

　あるいは，

　　　購買力平価レート＝基準時点の為替レート(円／ドル)×日本の物価指数／海外(米国)の物価指数

と表現できる。

　次に交易条件について説明しよう。交易条件＝輸出価格／輸入価格である。通常は，輸出物価指数と輸入物価指数の比で表わされる。これは貿易による実質的な所得の改善を示す指標である。交易条件が上昇するほど，輸出量と輸入量が同水準であっても，輸出に伴う所得の増加が見込める。別の言い方をすれば，一定の輸出量に対して，より多くの輸入量を確保することができる。購買力平価は，交易条件が均衡する水準である。

4）通貨高（通貨安）の効果と近隣窮乏化政策

　アベノミクスの隠れた狙いの一つは，「円高の是正」であった。かつて円高不況といわれる状況が続いたが，自国の通貨の価値が上昇するとメリットもデメリットもある。

　本来であれば，自国の通貨の価値が高くなるのはいいことである。なぜなら，円高になれば，海外の商品をより多く購入することができるからである。貧しい国の通貨は安くなる傾向があるが，こうした通貨価値が低い国の人々は購買力が低くなってしまい，物質的に豊かな生活を営むことが厳しくなる。

　ここでメリットとデメリットを整理しよう。通貨価値が上昇する（円高になる）と，海外旅行に行きやすくなり，海外でより低いコストで買い物ができることになる。海外からの輸入品も円ベースの価格が下がり，国内でも輸入品を購入しやすくなる。資源小国である日本は，エネルギー資源を始め，様々な商

品の材料を輸入に依存している場合が多い。このため，輸入された完成品の価格が下がるばかりでなく，国内で生産される製品の価格も下がる。家計の所得が変わらなければ，家計の購買力は上昇する。また，日本企業が海外の企業を買収することも廉価なコストで可能となる。海外の金融商品も，一定の日本円で投資する場合の現地通貨ベースでの投資額が増える。

しかし副作用も大きい。日本から輸出する製品の価格が上昇し，海外で売れ行きが減少する。つまり，海外での価格競争力が低下する。企業が海外で稼いだ儲けも，日本に還流させる場合に日本円での価値が減少する。企業は，日本で生産拠点を海外に移して，輸出による価格競争力の低下を防ぐ行動に出る。すると，国内の雇用は失われ，失業率が高まる。これが円高不況の主な背景である。

かつて，輸出競争力を高めるため，自国の通貨価値を切り下げる政策に出る国々があった。通貨価値を下げることにより，輸出を増加させ，国内の所得を増やそうとしたのである。これを近隣窮乏化政策と呼ぶ。自国の通貨を安くすれば他国の通貨価値が上昇し，他国の貿易赤字が増加する。つまり自国通貨を安くして輸出を増やす政策は近隣国にとってマイナスの効果をもたらすのである。

5) 決定理論

為替レートがどういったメカニズムで決まるかという点については，様々な理論が提起されてきた。しかし，株価や債券価格が理論通りには決まらないと同様に，為替レートも市場での取引により決定されるため，理論に沿って決定されることは必ずしもない。もし，為替レートを的確に予想できるモデルが開発できれば，秘密兵器となり，FXトレードで大もうけできるだろう。ここでは，主な理論の枠組みを説明したい。

① フローアプローチ

フローアプローチとは，財やサービスの輸出入の数量で為替レートが決まる

という理論である。この前提としては，輸入と輸出が金がベースで一致するという前提に立っている。

つまり，ある国の輸出数量Q(Ex)にその国での価格P(Ex)を乗じた金額と，他国からの輸入数量Q(Im)と価格P(Im)に為替レートFXを掛け合わせたもの（その国の通貨に引き直した金額）が一致するところで為替レートが決定されるという簡単な発想である。

$$Q(Ex) \times P(Ex) = Q(Im) \times P(Im) \times FX$$

しかし，現実として貿易黒字や赤字があるわけであり，資本収支などを勘案しなければならないため，この理論の前提は現実性がない。

② アセットアプローチ

アセットアプローチは，短期的な為替レートの動きが金融資産の取引により決定されるという発想で組み立てられている。フローアプローチがモノにのみ基づくのに対し，アセットアプローチはカネのみに基づくものである。

お金を預金で運用すると仮定した時に，円の預金の収益率は預金金利になる。一方で，円のお金をドル預金に投資した場合の収益率は，ドル預金の金利とドルの値上がり率になる。この収益率が違えば，当然お金はおトクな方に流れていくはずである。このため，双方の収益率が一致するところで為替レートが決まるというのがこの理論を簡単に解説した仕組みとなる。

つまり，円建て（名目）利子率＝ドル建て（名目）利子率＋（予想）為替レート変化率，という関係である。

これを「金利平価」という。

確かに，現状の為替レートの市場を見ても，たとえばアメリカが利上げするとドルの為替レートが上昇（円安）になるなど，金利の動きに為替レートが敏感に反応する傾向が強い。

前出の購買力平価説は，モノの値段が一致するところで為替レートが決まるというものであるが，アセットアプローチはカネの値段，つまり金融資産の収益率で決まるという理論である。モノは輸送手段などの制約があるため，為替

レートで値段が調整されるには時間がかかるが、金融市場は常にリアルタイムで世界に通じているため、短期的な為替レートの動きを説明する場合は、このモデルの実用性が高い。

4　TPPと自由貿易の論点

1)　TPPとは

　TPPとは環太平洋戦略的経済連携協定（Trans-Pacific Strategic Economic Partnership Agreement）の略称である。TPPは当初、シンガポール、ニュージーランド、チリ、ブルネイの4か国で自由貿易を目指して発足された経済協定だが、その後、アメリカ、オーストラリア、ペルー、ベトナム、マレーシア、メキシコ、カナダ、日本が交渉に参加し現在は12カ国で交渉が続いている。

　TPPは、「高い水準の自由化」と「非関税分野など幅広い分野の協定」を基本的な考え方としている。前者は、関税の撤廃や非関税障壁の除去を目指し、後者は非関税分野である、投資、知的財産、政府調達等のルール作り、環境や労働を含む包括的協定として21分野にわたって交渉されている。

2)　自由貿易の意義

　市場メカニズムは資源の効率的な配分を促すという点は詳しく学んできたが、あくまで一国内の市場をイメージした議論であった。市場の効率性について、国境を越えて全世界を網羅する市場まで拡大すれば、より市場の資源配分の効率性が高まることになる、という類推はできる。

　自由貿易の最大のメリットは「比較優位」による「国際分業」である。工業製品の生産が得意だが農業の生産性が低い国と、農業生産性が高く工業製品の技術が遅れている国とは、自由貿易により役割分担することができる。比較的に有意に立っている分野に特化した分業を国際的に進めることで、効率性が向上し、安くてよいものを相互に交流させることができるのである。

3) TPPのメリットとデメリット

メリット：
① 関税の撤廃により貿易の自由化が進み，日本製品の輸出増大が期待できる。
② 障壁撤廃により，グローバル企業の企業内貿易が効率化する。
③ 海外の産品がより廉価で入手できるようになる。

デメリット：
① 米国やアジアの安い一次産品が国内に入ることとなり，日本の農業など一次産業にダメージを与える。
② 添加物，遺伝子組み換え食品などの規制緩和により，食の安全が脅かされる。
③ 自由貿易に反する事案に関する損害賠償等を可能とするISD条項（投資家対国家間の紛争解決条項）の濫用による国際的訴訟リスクの増大。

　TPPに限らず，自由貿易はもろ刃の剣である。比較優位の特化による国際分業化は，明らかに世界全体としての生産性を高める。しかし，国家間の利害関係の対立はいつの世の中にも発生しうることである。自由貿易の結果として，日本国内の農業が鍛えられ極めて魅力的な付加価値の高い産品を世界に送り出す機会も増えるかもしれない。しかし，食糧自給率が低下すれば，国際的な紛争による食糧確保のひっ迫や世界的な飢饉などにより，農作物の自国での消費を優先する動きが出た場合など，食糧的な安全保障が揺らぎかねない。自由貿易はこうした政策的側面を配慮した上で進めていく必要がある。

第16章　ゲーム理論

1　ゲーム理論の古典

1）囚人のジレンマ

ゲームの理論とは，一定の前提条件において各登場人物（プレーヤー）が合理的な行動を取るときに，どういった結末となるかを分析する学問である。

最も代表的な例が「囚人のジレンマ」で，二人の囚人が互いに相談できない状況で判断を行った時に，双方にとって最適な結末にならない構造的な問題を示したものである。

このゲームの題名は「囚人のジレンマ」とあるので，本文中も囚人という表記を行う。ただし正確には，囚人は裁判により刑罰が確定した受刑者であるため，本来であれば取り調べを受ける段階を想定したゲームであるため，起訴される前の容疑者ないしは被疑者という表現が正しい。些末な話ではあるが，念のため。

2）前提条件

ある犯罪の共犯者である囚人Ａと囚人Ｂが，別々の部屋で取り調べを受けるものとする。それぞれの囚人は，「自白する」か「黙秘する」かの選択に迫られている。互いに相談はできない。それぞれが独立した判断を行う。仮に逮捕以前に「黙秘しよう」という取り決めをしていたとしても，十分に信頼できることではないとする。

◇囚人Ａ，Ｂともに黙秘を選択した場合は，刑期は１年となる。
◇囚人Ａ，Ｂともに自白を選択した場合は，刑期は３年となる。
◇片方が黙秘し，もう片方が自白した場合は，自白したほうが司法取引によ

213

り無罪釈放され，黙秘した囚人が5年の刑期に処せられる。

これを図表にすると図表16－1のようになる。

図表16－1　囚人のジレンマ

		容疑者B 自白	容疑者B 黙秘
容疑者A	自白	(3, 3)	(0, 5)
容疑者A	黙秘	(5, 0)	(1, 1)

出所：筆者

3）ゲームの結末

　囚人AとBが結束できる前提であれば，黙秘することが最適な選択肢である。しかし，相手が信頼できない限りは，こうした選択を行うことは必ずしも得策ではない。なぜなら，裏切られれば相手は無罪，自分は5年の刑に処せられるためである。

　囚人Aの立場で考えよう。囚人Bが自白する前提だと，自白したほうが得策である。自白すれば刑期は3年，黙秘すれば5年であるからだ。

　同じく囚人Aの立場で，囚人Bが黙秘する前提で考える。これも自白したほうが得策となる。自白すれば無罪，黙秘すれば1年であるからだ。

　囚人AとBを入れ替えて同様な順番で考えても結論は同じである。

　このため，囚人AもBも自白を選択するだろう。これが互いを信頼できない場合の合理的な選択肢である。

　なぜ，このゲームがジレンマと呼ばれるのか。それは互いが信頼でき黙秘できれば刑期が1年で済むはずなのが，信頼できない前提であれば最適な選択の結果が刑期3年となるからである。

4) 囚人のジレンマの例

　囚人のジレンマはビジネスの世界でもよくある話である。住宅ローンを主力商品とするライバル銀行の例を取り上げよう。これは筆者がアナリスト時代に見聞した情報に基づいている。京阪神のＸ銀行は日夜ライバルであるＹ銀行としのぎを削っている。住宅ローンが主な収益源であるため，住宅ローンの貸出をそれぞれが伸ばそうとしている。

　Ｘ銀行は２％の金利で貸したところ，Ｙ銀行は1.9％でキャンペーンを打った。マンションを買おうとしていた顧客はＹ銀行に流れ出した。これを受けてＸ銀行が1.8％の金利で対抗し，顧客を取り戻すことに成功した。

　こうした貸出金利の引き下げ競争はあらゆるところで起きている。これが銀行や信用金庫の収益力を弱体化している。適度な貸出金利を各銀行が維持していれば，それぞれがそこそこの貸出残高を確保し，そこそこの収益を維持することが可能であろう。しかし，採算が取れるか取れないかぎりぎりのラインまで金利を引き下げようと競争が煽られているのが現実である。

5) 囚人のジレンマからの脱却方法

　囚人同士が互いを確実に縛りあうような状況を創り出すことができれば，信頼に基づき黙秘という選択を行うことができる。たとえば，あまり良い例であるとは言えないが，囚人が互いに腕のいい殺し屋を雇っているとする。裏切って自白した場合は，無罪で釈放されるが，腕利きの殺し屋に確実に命が狙われることが互いに自覚されていれば，それぞれが黙秘という選択を行うことができるだろう。

　銀行の競争の事例では三つの解決方法がある。ひとつはカルテルである。貸出金利を銀行同士で相談して決めるという方法であるが，これは独占禁止法の法令違反となるため，現実的には選択肢とはなりにくい。第二には，合併という選択肢がある。このケースも独占禁止法上の審査を受けることとなるが，多くの場合は合併により，競争が緩和されるケースは多い。第三には，監督当局

によるモニタリングである。金融庁が，住宅ローンの金利競争が銀行の健全性を傷つけるという判断を行えば，貸出金利の設定の合理性を厳しく検査され，野放図な金利競争は改善されるだろう。

2　ドミナント戦略

1）定　　義

　囚人のジレンマの例で，他のプレーヤー（相手の囚人）がいかなる選択を行っても，有利な結果をもたらす選択を行う判断を行った。その結果，「自白する」が最適な戦略として選択された。
　このように，他のプレーヤーの選択に拠らず相対的に有利となる選択を行う戦略をゲーム理論で「ドミナント戦略」と呼ぶ。

2）戦略の限界

　しかし，ドミナント戦略が採用できない状況も考えられる。他のプレーヤーの選択によって，どちらか一方の選択を行うことが必ずしも有利とはならないケースである。上記の囚人のジレンマのゲームでは，自白することが常に有利な結果をもたらすことであった。しかし，相手の選択によっては，必ずしも自白が最適な選択肢とはならないケースも考えられる。
　上記の囚人のジレンマの刑期の組み合わせを修正しよう。たとえば，片方が黙秘，片方が自白した時の量刑について，自白した囚人が無罪で黙秘した囚人が5年という状況から，自白した囚人も2年の刑期を言い渡されるという状況に変えてみよう。刑期のマトリックスは図表16-2のようになる。
　囚人Aの立場で考えよう。囚人Bが自白する前提だと，自白したほうが得策である。自白すれば刑期は3年，黙秘すれば5年であるからだ。
　同じく囚人Aの立場で，囚人Bが黙秘する前提で考える。この場合は前例とは反対に，黙秘することが得策となる。自白すれば2年，黙秘すれば1年の刑期になるからだ。

そうなると，常に自白することが必ずしも有利とはいえなくなる。

図表16-2　最適戦略のない囚人のジレンマ

		容疑者B	
		自白	黙秘
容疑者A	自白	(3, 3)	(2, 5)
	黙秘	(5, 2)	(1, 1)

出所：筆者

3　ナッシュ均衡

1)　先読みの合理的判断

将棋や囲碁の棋士は何十手も先を読んで，戦略的な手を打つといわれている。ゲーム理論においても，他のプレーヤーが合理的な戦略を行うという前提で，最適な戦略の選択を行う分析を行う。

各プレーヤーが，合理的な選択を行うことを互いに踏まえたうえで戦略を行った場合の帰結を「ナッシュ均衡」という。

囚人のジレンマにおいて，互いの信頼を前提としない同時ゲームでの結末は双方の囚人が自白するというものであった。したがって，この「二人とも自白して3年の刑期に服する」というのがナッシュ均衡である。

囚人のジレンマの解消策として殺し屋を雇うという物騒な例を出したが，これは無罪という状況が死刑に匹敵するため，黙秘が最適な選択となる。このような実質的「協力ゲーム」であれば，「二人とも黙秘して1年の刑期に服する」というのがナッシュ均衡である。

2) 男女の争い

ここで「男女の争い」というゲームを取り上げてみよう。

恋人同士のカップルがデートの相談をしている。男性はボクシングのファンで，女性はオペラのファンである。互いの趣味には関心がない。ボクシングに行くか，オペラに行くかをそれぞれの幸福感を数値化してゲームを考えてみる。

◇男性が恋人と一緒にボクシングに行ければ，男性の幸福感は2，女性の幸福感は1としよう。
◇女性が恋人と一緒にオペラに行ければ，男性の幸福感は1，女性の幸福感は2とする。
◇それぞれが別々に行動をした場合は，デートではなくなるので，お互いの幸福感はゼロとする。

幸福感のマトリックスは図表16-3のようになる。

図表16-3　男女の争い

		女 ボクシング	女 オペラ
男	ボクシング	(2, 1)	(0, 0)
男	オペラ	(0, 0)	(1, 2)

出所：筆者

この場合は，同時ゲームになると互いの動きがわからなくなるため，ドミナント戦略の組みようがなくなる。しかし，囚人とは異なり恋人同士である。相談し協力することができる。つまり協力ゲームが可能となる。

したがって，相談してどちらかの趣味に合わせることがナッシュ均衡となる。

このような場合は，だいたいオペラに行く結末になるような気がするが。

4　寡占市場

1)　生産ゲーム

2社の生産者が存在する寡占市場を考える。生産者1と生産者2は独立に生産量を決定する。他の生産者はいない。全体の生産量が増加すると，価格は下落する。

この状況を以下のように数値化する。

◇前提：
　価格＝p，生産者1の生産量＝x_1，生産者2の生産量＝x_2，生産者1の利益＝π_1，生産者2の利益＝π_2
◇価格の決定：
　$p = 100 - (x_1 + x_2)$，
◇利益の決定：
　$\pi_1 = p \times x_1 = \{(100-(x_1+x_2)\} \times x_1$，
　$\pi_2 = p \times x_2 = \{(100-(x_1+x_2)\} \times x_2$，

2)　クールノー均衡

それぞれの生産者の利益が極大化する生産量を求める。それぞれの競争相手の生産量が分からないので相手の生産量は所与とする。まず，生産者1に注目

しよう。

$$\pi_1 = p \times x_1 = \{(100-(x_1+x_2)\} \times x_1 = -(x_1)^2 + (100-x_2)x_1$$

$$= -(x_1 - \frac{100-x_2}{2})^2 + (\frac{100-x_2}{2})^2$$ と変形できるため，この値 π_1 を最大化する x_1 は $x_1 = \frac{100-x_2}{2}$ となる。

二次関数の頂点を求める方法で示したが，もっと簡単な方法は，偏微分係数がゼロとなる求め方である。

$$\frac{\partial \pi_1}{\partial x_1} = 100 - 2x_1 - x_2 = 0$$ を解くと，$x_1 = \frac{100-x_2}{2}$ になる。

同じように，生産者2の最適生産量も求められる。$x_2 = \frac{100-x_1}{2}$ である。

それぞれの生産者が，合理的な行動を取るという前提で生産量を決める。相手の最適生産量を踏まえて，自らの最適生産量を決めればよいのである。

具体的には，生産者1の立場から考えて，生産者2の最適生産量を代入する。

$$x_1 = \frac{100-x_2}{2}$$ の x_2 に $x_2 = \frac{100-x_1}{2}$ を代入すればよい。

$$x_1 = \{(100 - \frac{100-x_1}{2})\} / 2$$ となる。

この方程式を解くと，

$$2x_1 = 100 - \frac{100-x_1}{2}$$

$$4x_1 = 200 - (100-x_1), \quad \therefore \quad x_1 = \frac{100}{3}$$

それぞれの生産者が $\frac{100}{3}$ ずつ生産するのがナッシュ均衡である。この寡占状態の均衡を「クールノー均衡」という。

5　預金取り付け

1）　金融危機の預金者行動

　預金者が預金の安全性に疑問を持ち，銀行に預金解約に殺到する現象を「取り付け騒ぎ」という。古くはアメリカの1980～90年代における断続的な金融危機で，銀行やS&L（貯蓄貸付組合）に預金者が押し寄せ，争って預金の引き出しをした例がある。なお，英語ではこうした現象を「Bank Run」と呼び，銀行に殺到する雰囲気がよくわかる呼称となっている。

　日本でも，昭和初期に金融恐慌という状況の中で取り付け騒ぎが発生した。1927年，衆議院予算委員会で当時の片岡直温大蔵大臣が「東京渡辺銀行は破たんしました」との失言を行い，これをきっかけとして金融不安が表面化，経営体質が脆弱と思われる金融機関を中心に預金者が預金引き出しに列をなす騒動が発生した。近年においても，噂話が発端となり噂の対象となった銀行へ人々が殺到する例も存在している。

　では，こうした人々を取り付けにかきたてるメカニズムはどういったことになっているのか？取り付け騒ぎは非合理的行動と言えるのか？ゲーム理論を用いて考えてみよう。

2）　ゲームの前提

　預金者が100人，各人が100万円の預金をA銀行に保有しているとする。したがって，A銀行は1億円の預金を預かっていることになる。

　預金者のうち7割の人が向こう2年間は資金の使い道がないため，預金を2年間解約しないつもりである。この状況は銀行も経験則から承知しており，1億円の預金のうち半分の5千万円を1年間の期日の融資に振り向けることにしている。

　なお，この例では「預金保険」は考えない。

3） 預金者の行動

① 平常時

平常時であれば，向こう1～2年間における預金の引き出しは1億円のうちの3千万円にとどまるであろう。このため，融資に使っていない資金で十分に預金の払出しに応じることができる。

融資した資金は（不良債権にならなければ）1年後には返済されるため，全ての預金者が無事に預金を引き出すことができる。

② 金融不安時

金融危機で銀行の破たんがニュースをにぎわせる状況ではどうだろう。

近隣のC銀行が破たんし，電車やバスの中で「A銀行も危ない」という噂を耳にすることが増えたとする。健全な銀行であっても，預金者の行動が銀行を破たんさせることを以下のシナリオで分析する。

a）　シナリオ1：

100人中50人が預金を引き出しに殺到する。銀行は手元の余剰資金で払出しを行うことができるため，銀行は破たんしない。

b）　シナリオ2：

51人が不安を感じて預金を引き出しに行く。銀行は融資の返済を期日前に求めることができないため，50人の払出しが終わった段階で，金庫は空っぽである。銀行は支払い不能となり破たんする。

c）　シナリオ3：

毎日1人ずつ預金を引き出しに行く。51人目

には金庫は空っぽになる。銀行は支払い不能となり破たんする。

4） 合理的な預金者の行動

金融不安となった場合に，最も合理的な預金者の行動は何か？

シナリオ2やシナリオ3の状況となった場合は，預金が引き出せずに損失を被ることになる。各預金者はこうした状況を認識し，最適な行動を選択する。それは「他の預金者より早く預金を引き出しに行く」というものである。

銀行に走る。つまりBank Runである。したがって，取り付け騒ぎは，不安を感じた場合の預金者の極めて合理的行動なのである。各プレーヤーが合理的に行動した結果なのであるから，取り付け騒ぎとこれに伴う銀行の破たんは「ナッシュ均衡」と言える。

もうひとつのナッシュ均衡も存在する。それは預金者が互いに相談しあい，不要な預金引き出しを行わないという合意をすることである。そうすると，3割の人は銀行融資が戻ってくる前に預金引き出しに行くが，資金使途のない7割の人たちは2年後に無事預金を引き出すことができる。銀行は破たんしないし，預金は無事戻ってくる。これも合理的行動の帰結であるナッシュ均衡と言える。

5） ナッシュ均衡と解決策

しかし現実的には，預金者全員で合意形成するのは困難である。したがって，現実的なナッシュ均衡は銀行破たんとなる。健全な銀行ですら，金融不安時には「合理的に」破たんに追い込まれてしまうのである。

こうした事態を回避し，もう一つのナッシュ均衡である「預金者による落ち着いた行動」の結末を導く方法はないのか？その政策的な解決方法が，「預金保険」である。預金者は預金保険により守られることを認識するので，不用意に必要のない預金引き出しを行うことはなくなる。

6　決定ツリーを使った多段階モデル

1)　段階モデル

　ゲームのプレーヤーが同時に意思決定を行う例を示してきたが，この段階モデルではプレーヤーが交互に意思決定を行うゲームを考える。一人のプレーヤーが行った判断が，もう一人のプレーヤーの判断に影響を及ぼし，それぞれ交互に行動した結果が，最終的な着地点に導く。

　こうしたゲームにおいても，「先読み」が合理的行動を行う際の重要な行動規範となる。自分が行う行動に対する相手の行動を予想し，その行動に対する自分の更なる行動を予想する。こうした積み重ねの結果がどういった結果をもたらすのかを正しく合理的に予想することが求められる。

　なお，ゲーム理論でよく使われる言葉でペイオフ（Pay‐Off）というものがある。ペイオフとは，ゲームの結果の果実である。ペイオフはお金であることもあるし，効用であることもある。多段階ゲームでは，相互の意思決定の結果がもたらすペイオフを考えることから始まる。

　また，それぞれの判断の経路を図示したものが「意思決定ツリー」と呼ばれるものである。これは例を以って解説しよう。

2)　尖閣列島問題をゲーム理論で考える

　尖閣列島を巡る日本と中国の政治的な駆け引きは，各国の国益が絡む難しい問題である。この事案について，状況設定をかなり簡素化した上で，ゲーム理論による分析を試みる。

　前提条件としては，中国船が日本の領海を侵犯し尖閣列島周辺に姿を見せることが頻発している状況を想定する。こうした状況を踏まえ，日本政府が「黙認」するか「排除」するかの判断を行う。こうした日本政府の判断を踏まえて，中国政府が更なる行動を選択するものとする。

第16章　ゲーム理論

　日本が黙認した場合は，中国は更に行動をエスカレートし領土問題としての主張を強硬化させるか，平和的な解決を導くため行動をマイルドにするかという判断を行うとする。

　日本が排除する行動に出た場合は，中国は武力衝突を選択するか，行動を緩和させるかという判断に迫られるものとする。

　武力衝突は戦争という悲劇を呼び，日中双方のダメージは最大となる。日本が黙認し中国がエスカレートした場合は，日本は国益を失う脅威にさらされる一方，中国は権益拡大に一歩前進するため中国のペイオフが大きくなる。こういった形でペイオフを与えたものが意思決定ツリーを用いた図表16－4である。

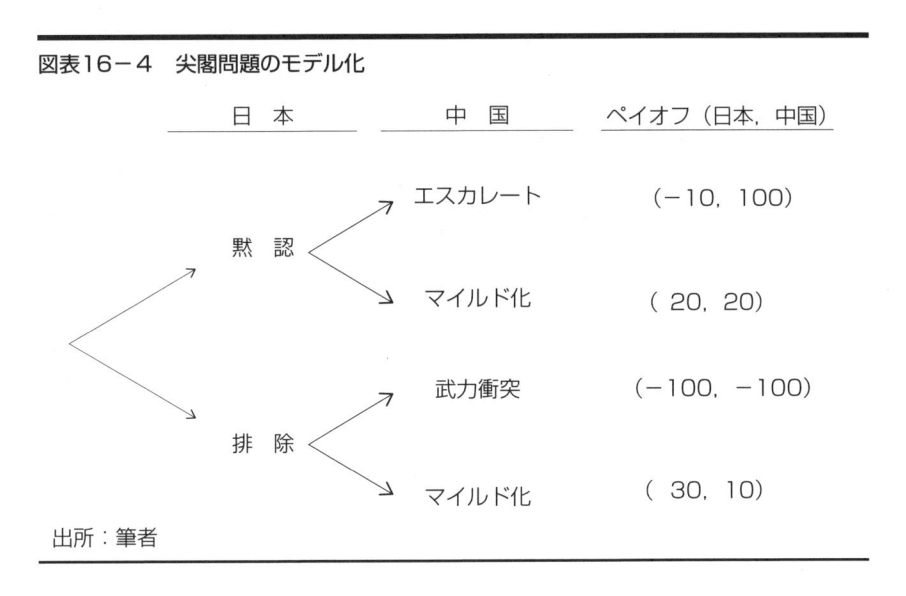

図表16－4　尖閣問題のモデル化

日　本	中　国	ペイオフ（日本，中国）
黙　認	エスカレート	（－10, 100）
	マイルド化	（ 20, 20）
排　除	武力衝突	（－100, －100）
	マイルド化	（ 30, 10）

出所：筆者

225

既に解説した通り，多段階モデルではペイオフから遡っていき，現在の判断を行うという方式を取ることが合理的判断を行うことにつながる．これを後方帰納法（Backward Induction）という．

　日本が黙認するルートを考えよう．中国の判断によって与えられるペイオフは，（日本，中国）=（−10，100）か（日本，中国）=（20，20）である．中国が取るであろう行動を推定しよう．中国がエスカレートすれば中国のペイオフは100，マイルド化する判断を行えば中国のペイオフは20となる．このため，中国は「エスカレート」を選ぶだろう，という予想が容易にできる．

　次に日本が排除するルートを考える．中国が武力衝突を選んだ時の中国のペイオフは−100，マイルド化した場合のペイオフは10である．したがって，中国はマイルド化する判断を行うであろう，と予想することが可能である．

　つまり，日本が黙認した場合は（日本，中国）=（−10，100）という結論に至り，排除した場合は（日本，中国）=（30，10）という結論に至ることが合理的に予測できるのである．ここまで考えれば，日本が取るべき行動は自明である．−10というペイオフにいたる判断をするか30という結論になる判断をするかということである．すなわち，「排除」が日本の取るべき行動となる．

　ここで，ゲーム理論から学ぶべき政治的な教訓がある．ひとつは，「目て見ぬふりをする」政治的な行動は国益にかなわないこと．もう一つは，武力衝突が互いの大きなダメージをもたらす認識を互いに共有化すべきであるということである．

第17章　行動経済学

1　新しい経済学

1）特　　徴

　学問の歴史は専門化の歴史であり、ひとつの学問領域の中で更にその領域の一部を掘り下げ深めていく傾向が強い。しかし一方で、他の学術領域の知見を活かすことも重要であり、近年は「ホーリスティック」と呼ばれる学究的アプローチが注目され、隣接する学術領域などの活用により既存の学問の殻を打ち破るような動きも出てきている。行動経済学やその一種である行動ファイナンスはその最たる例である。

　伝統的な経済学は、経済主体が合理的な行動を行うことが前提となっている。しかし、現実世界の中で人間は必ずしも合理的な判断を行っているとは言えない。そこで、心理学の知見を取り入れて経済学に応用したものが行動経済学である。2002年に心理学者であるダニエル・カーネマン氏がノーベル経済学賞を受賞しているため、こうした学問の位置づけが分かりやすい。

　行動経済学の特徴は、人々が取るべき合理的行動を分析するのではなく、経験論的な手法から人間が取る合理的ではない行動傾向を検証、分析するものである。難しい表現を用いれば、伝統的経済学は一般的普遍的前提から特殊・個別な結論を導くという意味で「演繹的」であるのに対し、行動経済学は個別の事象から全体的な普遍性を導くという意味で「帰納的」であるといえる。

2）行動経済学のあらまし

　行動経済学の特徴は、経済合理的経済人を前提とせず、人間らしさを加味している点にある。既述の通り、心理学者であるカーネマン氏の貢献が大きい点からも理解できる。

行動経済学は別名「神経経済学（ニューロ・エノコミクス）」とも呼ばれ，脳のメカニズムと経済合理性に必ずしも合致しない人間の経済的行動を分析している。

　脳内の大脳辺縁系は情をコントロール，前頭前野は理性を司る。これらの活動のどちらが優勢となるかで人間の判断は異なった結論を導く。前頭前野が前者を圧倒すれば，伝統的経済学が前提とする合理的経済人の判断に実際の行動が近づく。しかし，大脳辺縁系が活発化すれば，人間臭いといわれる非合理的判断を導くことがある。

　脳内神経伝達物質の一つであり，俗には快感ホルモンと呼ばれるドーパミンが分泌されると，ドーパミン分泌に繋がった行為や経験が楽しく感じられ，また快感や報酬を得ようとする意識を高める作用がある。ギャンブルで勝った時や株購入後に株価が上昇することがドーパミンの分泌を活性化させ，合理性から外れた判断に導くことがある。

　同様に神経伝達物質の一つであるセロトニンは，不安やリスク回避的な意識を高めるホルモンであり，ドーパミンとは概ね正反対の影響を人間の判断に与える傾向がある。

　ここで重要な概念が「限定合理性あるいは合理性の限界（Bounded Rationality）」である。限定合理性とは，人間の合理的判断の限界を指したものである。既に述べたような脳内機能（大脳辺縁系と前頭前野）の優劣や，脳内ホルモンの分泌により，合理性から外れた判断を人間が行うことが一つの要因である。また，人間が接することのできる情報や判断のために処理できる情報に限界があることも，こうした合理性の限界に繋がっている。このような限定合理性は行動経済学の拠り所となっている。

2　プロスペクト理論

1）損と得の間の非対称性

　先に紹介したカーネマン氏は，エイモス・ドベルスキー氏とともに「プロスペクト理論」を世に送り出し，ノーベル経済学賞に輝いた。

　プロスペクトとは人々の見込みを指しており，リスクを伴う不確実性のもとでの人間の判断や行動が，必ずしも期待値に即したものとはならないことを導いたものである。その特徴としては，「人はプラス領域ではリスク回避的となり，マイナス領域ではリスク追求的になる」というものである。これはカーネマン氏らの実際の実験内容から解説したほうが分かりやすい。カーネマン氏らの行った二つの質問による心理実験は以下のとおりである。

　　◇質問1：①無条件で100万円を手に入れられる選択と，②コインを投げて表が出たら200万円で裏が出たら無報酬という選択のどちらかを選びなさい。
　　◇質問2：200万円の負債（損失）を抱えていると仮定して，①無条件で負債が100万円免除される選択と，②コインを投げて表が出たら負債を帳消しで裏が出たら何もなしという選択のどちらかを選びなさい。

　被験者の多くは，質問1では①の確実な100万円獲得を選択し，質問2では②コイントスにより負債帳消しの可能性の選択を行ったという。質問1の選択肢の期待値はいずれも100万円で，質問2の選択肢の期待値も両方100万円である。

　100％の確率を50％／50％の確率による同水準の期待値よりも好むというのであれば，理解しやすい。しかし，質問1と2のように負債や損失を抱えてい

229

るかそうでないかによって、好みが異なるのは意外である。この結果は、以下の仮説を示している。

◆人間は目の前の利益にはリスク回避的行動を取る
◆人間は損失を目の前にすると、損失そのものを回避しようとする傾向があるということである。

こうした人々の判断は、株式市場などでも目にすることがある。例えば株価1,000円である株を買ったとする。株価が200円値上がりし1,200円になった。明日1,000円に戻る確率と1,400円まで上昇する確率が半々だとする。この場合は、多くの人が今日1,200円で売却し200円の利益を確定するかもしれない。一方で、1,000円で買った株が800円まで値下がりしたとする。明日1,000円に戻る確率と600円まで下落する確率が半々だとする。この場合は、800円での「損切り」をせず、明日まで待つ人が多いのではないか。

このようなプラス領域とマイナス領域での判断の非対称性をモデル化したものが、このプロスペクト理論である。

2) 価値関数

この判断の非対称性は「価値関数」という形でモデル化された。図表17-1のとおり、縦軸に人間が感じる価値の大きさ、横軸に損失と利得の水準を取る。座標軸の右半分がプラス領域で、左半分がマイナス領域である。

この図が示す通り、プラス領域では利得の増加に対する価値の増え方が小さく、マイナス領域では増え方が大きいのがわかる。この図表の原点を「基準点」あるいは「参照点」という。

図表17-1　カーネマンの価値関数

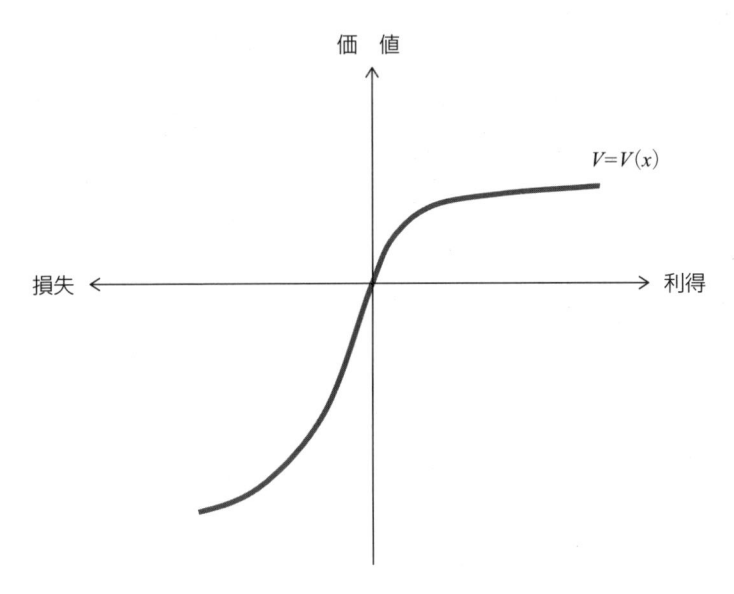

出所：筆者

したがって、価値関数の特徴は以下の3点となる。

① 価値は損失あるいは利得の額と直線的に比例しない。

② 基準点（参照点）を基準にしてプラス領域では逓減関数、マイナス領域では逓増関数になる。

<プラス領域>　$\dfrac{dV(x)}{dx} > 0$, $\dfrac{d^2V(x)}{dx^2} < 0$

<マイナス領域>　$\dfrac{dV(x)}{dx} > 0$, $\dfrac{d^2V(x)}{dx^2} > 0$

③ 原点を中心にした点対称ではなくマイナス領域のほうが急勾配である。

$$\frac{dV(x^+)}{dx^+} < \frac{dV(x^-)}{dx^-}$$

この価値関数の形状は損失回避傾向を表しており，また，利益が出ているときにリスク回避的，損失が出ているときにはリスク選好的になる傾向を示している。これをミラー効果と呼ぶ。

3 非合理性の例

1) 処置効果

限定合理性を表すような事例は少なくない。行動経済学や行動ファイナンスで示される主要な限定合理性を列挙しよう。

処置効果とは，損失時の寛容さと呼ばれる効果である。プロスペクト理論のマイナス領域での行動傾向で説明できる。

1,000円で購入した株が500円まで下落したとする。500円の含み損の状況である。相場環境を考えると，まだまだ株価は下落しそうである。ただ，長い目で見ればいつの日にか株価は回復するだろうと考えられる。

この場合は，損切りせずに更なる株価下落に身をゆだねてしまう傾向が強い。しかし，合理的な判断であれば，一度500円で損失を確定し，相場の見通しが明るくなった時に買い戻すであろう。

2) 認知的不協和

認知的不協和とは，過去に行った判断が誤っていたことが分かった場合においても，過去の判断について詭弁を使ってでも正当化しようとする人間心理である。

たとえばアベノミクスによる将来見通しの改善が見られた時に，株式投資を見送る判断をしたとする。この人は株価がどんどん上がっていく状況を眺めながら，自分の判断は誤っていないと自分に対しても納得させようとする心理に

動く。

例えば，相場自体が間違った判断に基づく上昇であると主張する。バブルだから，いつかは株価急落になるとうそぶく。認知的不協和は，過去の判断の結果に影響され過ぎ，客観的な判断ができない状況を作る。

3) コミットメント効果

コミットメント効果とは，過去の出費が将来の行動を縛るような状況を指す。既に冒頭の章でも紹介した「サンクコスト」などが例である。

ダム建設を計画し既に3千億円の投資を行い，あと1億円でダムが完成するとする。しかし，完成すると毎年100億円の水力発電収入が得られるという見通しが誤っていたことが判明し，完成後には毎年100億円のコストがかかることが分かったとする。ここで，ダム建設を中止するのが合理的判断であるが，1億円の追加負担を実行しダムを完成させてしまうのが，コミットメント効果である。つまり過去の判断にコミット（一貫性ある約束）してしまう心理的効果である。

4) 現状維持バイアス

現状維持バイアスとは，現状を肯定するような心理的作用を言う。マーケティングなどで活用される限定合理性である。

たとえば，車の試乗会を行うと車の購入確率が上昇するという現象である。もちろん，高い関心があるから試乗会に訪れるという点もあるが，それ以上に「乗っているときの乗り心地」を正当化しようという心理的バイアスがかかることが仮説検証されている。

5) フレーミング効果

フレーミング効果とは，「コップ半分の水」の捉え方である。まだ半分残っているというポジティブな考え方と，もう半分なくなったというネガティブな捉え方ができるが，状況の捉え方次第でその後の行動に影響を与えるというも

のである。

　たとえば，期限の定められた仕事に取り組んでいるときに，「あと1時間ある」と考えるか「まだ1時間ある」と考えるかによって作業効率に違いがもたらされるというものである。

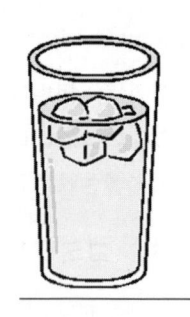

6) アンカーリング

　アンカーリングとは，無意識に取り込んだ情報に判断が影響されることを言う。高速道路の渋滞に巻き込まれているときに，一般道は空いていると思うような場合でも，このアンカーリングで説明される場合がある。
　このほかにも，美肌効果があるといわれているコラーゲンを取り入れた鍋なども一例である。臨床的には食物として取り入れたコラーゲンの効果は限定的だとされているが，コラーゲン＝美肌というイメージが染みついているため，女性に人気の鍋になっているようである。

7) 初頭効果

　最初に聞いた情報や最初の経験が，その後のすべての判断を左右するような効果を初頭効果という。
　インターネットの検索エンジンで，グーグルを使うかヤフーを使うか人によって好みが異なるが，多くの場合，最初に使ったサイトをその後も使い続ける傾向がある。
　携帯電話キャリアで学生を重要顧客として取り込もうとするキャンペーンが目立つが，初頭効果を意識した部分は多分にあるだろう。

8) 代表的バイアス

　代表事例がすべてに当てはまるだろうという思い込みが，代表的バイアスである。

黒字企業は優良企業というイメージがあるが，世の中には黒字倒産も少なからず存在している。

9) ギャンブラーの誤り

行動ファイナンスの代表例がギャンブラーの誤りである。

ギャンブルで負け続けているときに，次こそ勝つだろうと思うのがこの心理的効果である。コインでずっと表が出ているときに，次こそ裏だと思う作用が，このバイアスである。

コインが裏か表かの確率は，それぞれ50％である。したがって9回連続して表が出ればそろそろ裏だと考えても不自然ではない。しかし，今回のコインの裏表の出方と，次回のコインの出方は独立な確率事象である。したがって，ずっと片方が出続けても，次のコイントスの確率が50％／50％であることに変りはない。

第18章　こころと経済学

　経済学は人間の幸福感を効用で置き換え，それを貨幣等の客観性のある数値に換算しながら，合理性の追求から市場の均衡を導いたものである。
　しかし，人間のこころは合理性の限界があるほか，幸福そのものも画一的な効用に置き換えることは適切ではない。
　このように経済学は高度に確立された学問ではあるが，現実的な経済主体の行動を踏まえたうえでより学問としての幅を広げる余地のある魅力的な学術領域である。

　例えば文化人類学と経済学の重なりも，より人間の特性を反映した深い味わいのある研究領域がある。
　筆者が東日本大震災直後に海外出張に行った折，スイスで出会ったタクシードライバーの一言今も心に残る。「日本人の規律ある行動と助け合いは美しい」－震災後の日本の様子をニュースで見ての賛辞であった。JR南浦和駅で，乗客が力を合わせ電車とホームの間に転落した女性を救出した出来事があったが，かつての同駅利用者として誇らしく感じた。伝統的な経済学の中で，自己の利益を犠牲にしながら，他人を助ける発想というのはまずない。
　では，人はなぜ他人を助けるのか？名古屋工業大学の小田亮氏が著した「利他学」では，こうした人間行動の不可思議さを人類学や心理学的などから解き明かしている。
　本書の冒頭で触れたが，人助けは「間接的互恵性」という言葉で説明できる。互恵性には直接的互恵性と間接的互恵性があり，前者は商取引のようなギブアンドテイクが代表事例である。一方，間接的互恵性とは，他人を利することで自らにプラスの形で返ってくるというギブアンドテイク的な関係性が直接は現れず，時間や場所を超越して実現することを意味している。つまり，直接的互

恵性が特定された2者間における利益のやり取りを示すのに対し，間接的互恵性は，他人を利する対価がその場で約束されなくとも，どこかの時点で恩恵がもたらされるという漠とした互恵性を指す。

たとえば，人助けが近所や職場における評価を向上させ，人生に何らかのメリットをもたらすことが明示的にあるいは無意識に企図されているということだ。より崇高なものを期待した読者にとっては，失望に値する解釈である。しかし，このロジックでは，児童福祉施設にランドセルを届ける「伊達直人」や震災時の匿名の寄付は説明できない。

この間接的互恵性は人類の遺伝子的な進化を伴いながら，至近要因－行動を引き起こす生理的・社会的メカニズム－を通じて，利他行動を誘発させるという仮説がある。事実，MRIを用いた実験で，寄付行為が脳の線条体に作用し快感物質を分泌させた臨床例が存在している。つまり，利他行動は，互恵のネットワークが広がることによる種の保存的作用を人類の遺伝子に刷り込まれてきた証であるという考え方である。利他性と遺伝子との関係で説明されても，何やら殺伐とした感覚は残るが，人間の性善的特質が種の保存との関係性で説明されるのは興味深い。

経済学で取り扱う研究対象は多くの場合，直截的である。伝統的経済学であっても，ゲーム理論や行動経済学であってもしかりである。しかし，人間の経済行動には，すぐに現象面で表れるような関係ばかりではなく，文化人類学や遺伝学などでサポートされるべき事象も存在しているはずである。一例は，市場の失敗で解説した「不完全情報」あるいは「情報の非対称性」での食品偽装である。

利他学の著書で小田氏は，利他行動は「オデュッセウスの鎖」であるという表現を使っている。古代ギリシャ叙事詩「オデュッセイア」の中で，主人公オデュッセウスは航海中に，美しい歌声で船を惑わせ難破させる魔物セイレーンに誘惑されないよう帆柱に鎖で自らの体を縛りつけて難を逃れた。食品偽装に象徴される短期的利益追求はまさにセイレーンの誘惑であり，鎖は短期的利益を犠牲に他を利する自己規律を示す。

不完全情報やレモン理論で示された市場の失敗は，政府の介入により解消されるというのがほぼ一致した見方である。しかし，間接的互恵性の考え方に基づけば，政府の介入なくとも人類は長期的利益を踏まえた経済行動が起こせる遺伝子を備えているはずである。

　経済学は奥が深い。本書は極めて初歩的な入門書である。しかし，これを足掛かりにして，経済学を縦に深くだけではなく，横に広く見ていく姿勢で取り組めば，より違った接し方ができるのではないか。

＜参考文献＞

- 「マクロ経済学・入門第4版」福田慎一・照山博司。有斐閣；第4版（2011年4月）
- 「マクロ経済学」吉川洋，岩波書店；第3版（2009年9月）
- 「マクロ経済学入門」麻生良文，ミネルヴァ書房（2009年9月）
- 「マクロ経済学の第一歩」柴田章久，有斐閣（2013年12月）
- 「マクロ経済学のナビゲーター」脇田成，日本評論社；第3版（2012年2月）
- 「新講　経済原論第2版」丸山徹，岩波書店（2006年12月）
- 「利他学」小田亮，新潮社（2011年5月）
- 「マンキュー入門経済学」グレゴリー・マンキュー，東洋経済新報社（2008年3月）
- 「マンキュー経済学Ⅱ　マクロ編」グレゴリー・マンキュー，東洋経済新報社（2014年3月）

索　引

【欧文】

GDPデフレーター ……………………… 141
ISバランスアプローチ ………………… 198
SNA ……………………………………… 20
TPP ……………………………………204,210

【あ】

アブソープション・アプローチ ……… 198
アンカーリング ………………………… 234
インフレターゲティング ………… 173,175
オープン・マーケット・
　オペレーション ……………………… 172

【か】

外貨準備 ………………………………… 197
価格弾力性 ……………………………72,80
価値関数 ………………………………… 230
貨幣乗数 …………………………… 54,167
貨幣数量説 ………………… 53,123,178
間接的互恵性 …………………………3,237
環太平洋戦略的経済連携
　協定 ……………………………204,210
機会費用 ……………………………7,11,15
企業物価指数 ……………………… 141,144
基準貸付利率操作 ……………………… 172
希少性 ……………………………………7,8
基数的効用 ……………………………… 9
キチン・サイクル ……………………… 190
逆選択 …………………………………… 104
近隣窮乏化政策 ………………………… 207

クールノー均衡 ………………………… 219
クズネッツ・サイクル ………………… 191
クリーピング・インフレーション …… 144
クレディビリティ ……………………… 175
傾斜生産方式 …………………………… 26
経世在民 ………………………………… 1
現状維持バイアス ……………………… 233
ケンブリッジ方程式 …………………… 124
公共財 …………………………………… 150
購買力平価説 …………………………… 206
後方帰納法 ……………………………… 226
国富 ……………………………………… 17
コスト・プッシュ ………………… 32,145
コミットメント効果 …………………… 233
コンドラチェフ・サイクル …………… 191

【さ】

三面等価 ………………………………… 19
市場の失敗 ……………………………… 149
質的量的緩和 …………………………… 53
ジニ指数 ………………………………… 152
自発的失業者 …………………………… 131
資本調達勘定 …………………………… 22
囚人のジレンマ ………………………… 213
ジュグラー・サイクル ………………… 191
乗数効果 …………………………112,139,167
消費者物価指数 ………………………… 141
消費者余剰 ……………………………… 75
情報の非対称性 …………………………2,103
序数的効用 ……………………………… 9
処置効果 ………………………………… 232

241

初頭効果 …………………………… 234
所得支出勘定 ……………………… 21
人口オーナス ……………………… 185
信用乗数 …………………………… 167
スミソニアン協定 ………………… 31
生産者余剰 ………………………… 76
正の外部性 ………………………… 151

【た】

代替財 ……………………………… 65
代表的バイアス …………………… 234
チューリップ・バブル …………… 39
直接的互恵性 ……………………3, 237
テイラー・ルール ………………… 176
デマンド・プル ………………32, 145
投機的動機 ………………………… 118
ドミナント戦略 …………………… 216
取引動機 …………………………… 118

【な】

ナッシュ均衡 ……………………… 217
認知的不協和 ……………………… 232

【は】

パーシェ指数 ……………………… 143
ハイパー・インフレーション …… 144
ハイパワードマネー ……………… 163
パレート最適 ……………………… 82
バンドワゴン効果 ………………… 48
非自発的失業 ……………………… 132

フィッシャー方程式 …………148, 174
フィリップス曲線 ………………… 145
双子の赤字 ………………………… 41
プライマリーバランス …………… 158
プラザ合意 ………………………… 41
ブラックマンデー ………………… 41
フレーミング効果 ………………… 233
ブレトン・ウッズ協定 …………… 28
プロスペクト理論 ……229, 230, 231, 232
貿易開放度 ………………………… 202
補完財 ……………………………… 66

【ま】

埋没費用 …………………………… 12
摩擦的失業 ………………………… 132

【や】

預金準備率操作 …………………… 171
予備的動機 ………………………… 118

【ら】

ラスパイレス指数 ………………… 144
リカード＝バローの等価定理 …… 159
流動性転換機能 …………………… 166
ルーブル合意 ……………………… 41
レモン市場 ………………………… 104
ローレンツ曲線 …………………… 152

【わ】

ワルラス均衡 ……………………… 90

著者紹介

野﨑　浩成（のざき　ひろなり）
京都文教大学総合社会学部教授
86年慶應義塾大学経済学部卒。91年エール大学経営大学院修了。博士（政策研究，千葉商科大学）。
埼玉銀行，HSBC，シティグループ証券マネジングディレクター，千葉商科大学大学院客員教授などを経て2015年4月より現職。
著書に「銀行」（日本経済新聞社），「銀行の罪と罰－規制とガバナンスのバランスを求めて」（蒼天社出版），「バーゼルⅢは日本の金融機関をどう変えるか」（日本経済新聞社），「グローバル金融システムの苦悩と挑戦－新規制は危機を抑止できるか」（金融財政事情研究会）。
米国CFA協会認定証券アナリスト。日本証券アナリスト協会検定会員。
10年日経アナリストランキング総合1位（全産業），日経アナリストランキング1位（銀行部門，2015年まで11年連続），インスティテューショナルインベスター誌1位（銀行部門，2013年まで10年連続）。

著者との契約により検印省略

平成27年7月15日　初版第1刷発行	**すべてがわかる経済理論**

著　者	野﨑　浩成
発行者	大　坪　嘉　春
印刷所	税経印刷株式会社
製本所	株式会社　三森製本所

発行所　〒161-0033 東京都新宿区下落合2丁目5番13号　株式会社 税務経理協会
振替 00190-2-187408　　電話 (03)3953-3301（編集部）
FAX (03)3565-3391　　　　　　(03)3953-3325（営業部）
URL http://www.zeikei.co.jp/
乱丁・落丁の場合は，お取替えいたします。

Ⓒ　野﨑浩成 2015　　　　　　　　　　　　　　　　Printed in Japan

本書の無断複写は著作権法上での例外を除き禁じられています。複写される場合は，そのつど事前に，（社）出版者著作権管理機構（電話 03-3513-6969，FAX 03-3513-6979, e-mail : info@jcopy.or.jp）の許諾を得てください。

JCOPY ＜（社）出版者著作権管理機構 委託出版物＞

ISBN978-4-419-06258-3　C3033